Knaur

Von Josef Kirschner sind außerdem erschienen:

Manipulieren – aber richtig (Band 7442)
Die Kunst, ein Egoist zu sein (Band 7549)
Hilf Dir selbst, sonst hilft dir keiner (Band 7610)
Die Kunst, ohne Überfluß glücklich zu leben (Band 7647)
Die Kunst, ohne Angst zu leben (Band 7689)
So hat man mehr Spaß am Sex (Band 7719)
So plant man sein Leben richtig (Band 7720)
So lernt man sich selbst zu lieben (Band 7743)
Die Kunst, glücklich zu leben (Band 82004)
Das Lebenstraining (Band 82101)
So wehren Sie sich gegen Manipulation (Band 82197)
So nutzen Sie ihre eigenen Kräfte besser (Band 82211)
So machen Sie auf sich aufmerksam (Band 82212)

Über den Autor:

Josef Kirschner, geboren 1931, verheiratet, Vater von zwei Söhnen, lebt in Wien und auf einem kleinen Bauernhof im Burgenland. Er berät Leistungssportler, Manager und Medien. Mit Psychologen gründete er in dem Kurort Bad Tatzmannsdorf eine »Lebensschule«. Dort trainierte er in Seminaren mit den Teilnehmern das glückliche Leben im Alltag und Techniken der Problembewältigung. Josef Kirschners Bücher wurden in sechs Ländern verlegt.

Josef Kirschner

So lernen Sie, sich selbst zu lenken

Sechs einfache Techniken, Ihr Leben zu ändern

Knaur

Besuchen Sie uns im Internet:
www.droemer-knaur.de

Vollständige Taschenbuchausgabe Februar 1999
Droemersche Verlagsanstalt Th. Knaur Nachf., München
Dieses Buch ist bereits mit dem Titel »So lernt man, sich selbst zu lenken« unter der Bandnummer 7718 erschienen.

Umschlaggestaltung: Agentur ZERO, München
Umschlagillustration: G+J Fotoservice, Hamburg
Druck und Bindung: Ebner Ulm
Printed in Germany
ISBN 3-426-82214-8

2 4 5 3 1

Josef Kirschner, Autor der Buchreihe »Lebensschule« beschäftigt sich seit 30 Jahren mit der Frage: »Was kann jeder von uns selbst tun, um an jedem Tag seines Lebens ein Höchstmaß an persönlichem Glück und Erfolg zu erringen?«

Lebensstrategien und Verhaltenstechniken, die er seinen Lesern empfiehlt, hat er in diesen Jahren mit maximalem Erfolg an sich selbst erprobt. Er war Magazinarbeiter, Reporter, Chefredakteur. Er besuchte als Gast Henry Kissingers die amerikanische Harvard University und war Lehrbeauftragter an der Universität in Wien.

Kirschner präsentierte in der erfolgreichen österreichischen Sendereihe »Tritsch Tratsch« eine neue Form der Fernsehunterhaltung. Als er nach 50 Sendungen zum Bedauern des Publikums abtrat, meinte er: »Wenn man eine Sache zum Höhepunkt gebracht hat, sollte man nach neuen Herausforderungen suchen.«

Lieber Leser!

Die meisten von uns versuchen ihr ganzes Leben lang vergeblich, zwei Gegensätze ihres Wesens in Einklang zu bringen:

- das Leben, das sie führen möchten, und
- das Leben, das sie tatsächlich führen.

Viele wissen ganz genau, wie sie sein, was sie tun und wie sie ihre wahre Persönlichkeit entfalten möchten. Aber so sehr sie sich auch bemühen – sie schaffen es nicht.

Natürlich kommen sie im Leben voran, verdienen Geld und finden ein gewisses Glück. Trotzdem gibt es entscheidende Dinge in ihrer persönlichen Entfaltung, die ihnen Unbehagen verursachen:

- Sie möchten morgens früher aufstehen, aber es gelingt ihnen nicht.
- Sie möchten Widerstand leisten, wenn ein geschickter Manipulant sie überredet. Aber schließlich siegt doch meistens der Hang zum gefälligen Nachgeben.
- Sie möchten viel lockerer sein im Umgang mit anderen Leuten, aber der unterwürfige Respekt vor Vorgesetzten sitzt zu tief.
- Wer möchte nicht mit dem Rauchen aufhören oder nicht so viel essen oder trinken? Aber alle guten Vorsätze haben bisher nichts genützt.

Ob Sie es glauben oder nicht: Unter uns leben Heerscharen von unzufriedenen Menschen, die sich von einem quälenden Eheleben befreien, den ungeliebten

Beruf wechseln oder ganz einfach ein völlig anderes Leben führen möchten. Aber sie unternehmen nichts. Wenn man davon absieht, daß sie sich ständig einzureden versuchen:

- »Na ja, so arg ist dieses Leben ja doch nicht, das ich jetzt führe.«
- Oder: »Was kann ich denn jetzt noch ändern, irgendwie werde ich schon über die Runden kommen.«
- Oder: »Eigentlich habe ich gar keinen Grund, mich zu beklagen, es gibt genug Leute, denen es noch viel schlechter geht als mir.«

Und so weiter, und so weiter. Wer kennt sie nicht aus eigener Erfahrung, alle diese Selbstbeschwichtigungen, mit denen wir verhindern, uns endlich aufzuraffen und das zu tun, was wir wirklich tun möchten.

Wie kann man das noch, wenn man sich schon so viele Jahre an all das gewöhnt hat, womit man unzufrieden ist. Welche Möglichkeiten gibt es, uns von der Bequemlichkeit des ergebenen Ertragens loszureißen und uns selbst dorthin zu lenken, wohin wir möchten?

Gibt es handfeste, praktische Hilfsmittel, die sich jeder aneignen kann?

Es gibt sechs einfache, für nahezu jedermann erlernbare Techniken, sich selbst zu lenken. Blättern Sie um und lesen Sie, worin diese Techniken bestehen.

Die sechs einfachen Techniken, sich selbst zu lenken

1.

Lernen Sie, richtig und bewußt zu atmen.

Richtiges Atmen gibt Ihnen Kraft, Ausdauer und Ruhe. Setzen Sie es gezielt als Instrument Ihres Denkens und Handelns ein.

2.

Lernen Sie, sich jederzeit richtig zu entspannen.

Die meisten Menschen sind nicht imstande, sich aus dem Streß zu befreien, denen ihnen Umwelt und eigene Ungeduld aufzwingen. Das schwächt ihre Widerstandskraft gegen die Versuchungen des Alltags. Sie werden gelenkt, statt sich selbst zu lenken.

3.

Lernen Sie, die Gedanken als Motor Ihres Handelns einzusetzen.

Wir alle neigen dazu, aus Bequemlichkeit oder Angst vor Niederlagen, den Zweifeln nachzugeben. Statt uns für die Bewältigung eines Problems selbst Mut zu machen. Wer in kritischen Situationen auf einige positive Denkformeln zurückgreifen kann, besitzt eine wirkungsvolle Alternative zu hemmenden Zweifeln.

4.

Lernen Sie, sich vorzustellen, wie Sie jede Schwierigkeit erfolgreich meistern.

Viele Menschen setzen ihre Phantasie vorwiegend dafür ein, sich ihr Versagen auszumalen und vorzeitig nach glaubhaften Entschuldigungen zu suchen. Die positiv gelenkte Vorstellungskraft kann ein dynamischer Motor bei der Bewältigung einer Aufgabe sein. Vorausgesetzt, man setzt sie richtig ein.

5.

Lernen Sie, das Spiel zwischen Ihrem »Ich 1« und Ihrem »Ich 2« zu kontrollieren.

Das eine denkt für Sie, das andere handelt für Sie. Wenn jedes die ihm zugeordnete Funktion erfüllen kann, vollziehen sich auch die schwierigsten Aufgaben »ganz von selbst«.

6.

Lernen Sie, wie man richtig übt, was einem für den Rest des Lebens nützen soll.

Wer die Selbstlenkungstechniken beherrschen möchte, sollte die Prinzipien des Trainings kennen. Es nützt nichts, großartige Ideen und Vorsätze zu haben, wenn man nicht die Ausdauer besitzt, sie so lange einzuüben, bis sie zur Gewohnheit geworden sind.

Einige Hinweise, wie Sie aus dieser Anleitung das Beste für sich machen können

»So lernt man, sich selbst zu lenken« ist, wie alle anderen Bände der Lebensschule auch, als praktische Anleitung gedacht. Der Leser erhält nicht nur Informationen, er wird vor allem ständig dazu angeregt:

- sich seine eigenen Gedanken zu machen,
- Behauptungen selbst zu überprüfen,
- Entscheidungen zu fällen,
- und täglich einzuüben, wozu er sich einmal entschlossen hat.

Vom Leser wird erwartet, daß er selbst etwas für sich unternimmt. Denn eines sollte jedem Interessenten klar sein: Was er nicht selbst für sich tut, geschieht auch nicht.

Dazu kommt, daß Selbstlenkung unter anderem auch ein Versuch ist, sich von der Abhängigkeit der Mitwelt zu lösen und die Kontrolle seines eigenen Denkens und Handelns selbst zu übernehmen.

Nicht mehr andere sollen uns mit den altbewährten Methoden zu ihrem Vorteil deshalb manipulieren können, weil wir zu bequem sind, uns selbst zu motivieren und zu aktivieren. Wir selbst sollen die Regeln der Selbstkontrolle und Selbstbeherrschung lernen und trainieren.

Deshalb ist es einleuchtend, daß nur Sie allein dafür verantwortlich sein können, ob das Studium dieser Anleitung für Sie zu einem Gewinn wird oder nicht.

Die grundlegenden Erkenntnisse und Praktiken aller Bände dieser Lebensschule-Serie wurden fünf Jahre lang in Gruppen-Seminaren erarbeitet.

Aus der daraus gewonnenen Erfahrung raten wir Ihnen:

- Fällen Sie gleich jetzt, am Beginn der Beschäftigung mit den Möglichkeiten Ihrer Selbstlenkung, die unabänderliche Entscheidung, diesen Band bis zu Ende durchzuarbeiten.
- Wenn im Laufe der Beschäftigung damit Zweifel auftauchen, oder wenn Sie ungeduldig werden, sagen Sie sich immer wieder: »Ich habe mir diesen Band gekauft und will für mein Geld etwas haben. Deshalb arbeite ich ihn auf jeden Fall bis zu Ende durch.«
- Beschäftigen Sie sich mit jeder der sechs Techniken zur Selbstlenkung so lange, bis Sie spüren, daß Sie erfaßt haben, worum es geht. Lassen Sie sich Zeit. Sie werden die Erfahrung machen: Je geduldiger Sie sich mit einer Sache auseinandersetzen, um so mehr Spaß wird es Ihnen machen. Vor allem, wenn sich die ersten Erfolge einstellen.

Was die Zweifel angeht, so sind sie verständlich. Wir alle wehren uns innerlich gegen alles, was in unserem Leben etwas ändern soll, an das wir uns gewöhnt haben. Auch dann, wenn es sich um Gewohnheiten handelt, die uns schaden. Wir haben Angst vor allem

Neuen, und wir unterliegen alle dem Gesetz der Trägheit.

Dieses Gesetz lautet: »Lieber nichts unternehmen, als etwas riskieren.« Es ist bequemer, in einer schlechten Gewohnheit zu verharren, als sich für eine gute Eigenschaft anstrengen zu müssen.

Die vorliegende Anleitung ist Ihre ganz persönliche Sache. Sie soll Ihnen dabei helfen, sich zu lenken und dadurch Ihr Leben zum besseren zu verändern, denn:

- Wer weiß, wie er sich selbst beeinflussen kann, gewinnt dadurch an Selbstvertrauen.
- Wer sich selbst lenkt, kann nicht mehr wie bisher von anderen Leuten manipuliert werden.
- Wer darauf vertrauen kann, daß er verwirklicht, was er sich vorgenommen hat, ist glücklicher als andere, die ständig im Bewußtsein leben müssen: »Ich kann mir vornehmen, was ich will, ich schaffe es ja doch nicht.«

Noch eines sollten Sie wissen: Das Studium dieser Anleitung zur Selbstlenkung ist ein egoistisches Unterfangen. Was Sie hier lernen, lernen Sie zu Ihrem Vorteil. Es kann durchaus sein, daß es zum Nachteil einiger Ihrer Mitmenschen ist.

Denn niemand, der uns bisher mühelos ausnützen konnte, wird darüber erfreut sein, wenn wir plötzlich mündig werden. Er wird versuchen, uns von unserem Vorhaben abzubringen.

Er wird versuchen, uns abzulenken. Oder er wird versuchen, unsere Absichten lächerlich zu machen. Das sollten Sie wissen, wenn Sie mit anderen Menschen über Ihr Vorhaben reden, die Techniken der Selbstlenkung zu lernen.

Dieser Band der Lebensschule folgt einem anderen, der den Titel trägt »So plant man sein Leben richtig«. Darin wird der Leser angeregt, sein Leben neu zu überdenken und seine eigenen Maßstäbe aufzustellen, um in Zukunft Denken und Handeln danach orientieren zu können. In gewissem Sinne ist der vorliegende Band die Fortsetzung der Anleitung über die richtige Lebensplanung.

Abschließend soll noch darauf hingewiesen werden, daß Ihnen die Beschäftigung mit den folgenden Seiten Freude machen soll. Warum auch nicht? Denn:

- Niemand zwingt Sie dazu.
- Sie sind niemandem Rechenschaft darüber schuldig.
- Das Ergebnis mag mehr oder weniger erfolgreich sein, aber es wird Ihnen in *jedem* Falle nützen, weil Sie dann mehr über sich selbst wissen werden als bisher.

Warum also sollten Sie nicht möglichst viel Spaß dabei haben zu lernen, wie Sie in Zukunft manches von dem verwirklichen können, an dem Sie bisher vielleicht gescheitert sind?

Wir jedenfalls wünschen Ihnen viel Erfolg.

Erste Technik

Lernen Sie, richtig und bewußt zu atmen.
Richtiges Atmen gibt Ihnen Kraft, Ausdauer und Ruhe.
Setzen Sie es gezielt als Instrument Ihres Denkens und Handelns ein.

Vermutlich wird es Sie überraschen, daß hier die Atmung als eine Art Geheimwaffe der Selbstlenkung dargestellt wird. Es sei denn, Sie haben sich bereits mit Yoga, Autogenem Training oder Meditation beschäftigt. Oder Sie betreiben einen Leistungssport.

Bei allen diesen Disziplinen spielt die Atmung eine entscheidende Rolle. Wenn man davon absieht, welche Rolle sie für die Erhaltung unseres Lebens im allgemeinen spielt. Wir können wochenlang ohne Nahrung leben oder Tage ohne Flüssigkeit. Aber schon Minuten ohne atmen können Gehirn und Organismus Schaden zufügen.

Die Atmung hilft, den Körper ununterbrochen zu entschlacken, sie belebt das Gehirn und verkörpert in uns das Grundgesetz des Universums vom ewigen Kommen und Gehen. Wie der Tag in die Nacht übergeht, damit dann ein neuer Tag entstehen kann; wie

Ebbe und Flut, Leben und Sterben, Freude und Leid, männlich und weiblich – ist der Rhythmus des Atmens, das Kommen und Gehen in jedem von uns.

Eine asiatische Meditationsanleitung besagt: »Wenn du bewußt einatmest, stelle dir vor, daß du die Energie des Kosmos in dich aufnimmst. Wenn du bewußt ausatmest, stelle dir vor, daß sich diese Energie in deinem ganzen Körper verteilt.«

Viele Menschen beachten die Bedeutung des Atmens für Geist und Körper nicht. Sie nehmen vielleicht zur Kenntnis, daß ihnen in Augenblicken der Gefahr »der Atem stockt« und dadurch ihre Abwehrfähigkeit vermindert wird. Aber sie machen sich nicht bewußt, daß sie in solchen Augenblicken durch einige ruhige tiefe Atemzüge die »Schrecksekunde« verkürzen können.

Natürlich ist es auch möglich, bereits *vor* Situationen der Angst oder Gefahr durch bewußtes ruhiges Atmen seine Nervosität zu meistern und dadurch die Kraft zur Überwindung der Schwierigkeit zu stärken.

- Bewußtes ruhiges Atmen beruhigt und hilft, einen klaren Kopf zu bewahren.
- Kurzes, oberflächliches Atmen ist das Ergebnis von Hektik, Angst oder Nervosität.

Ist es nicht für jeden denkenden Menschen leicht zu verstehen, daß hier einfache und natürliche Möglichkeiten gegeben sind, das Atmen für uns zu nützen?

Wenn ruhiges Atmen uns beruhigt und oberflächliches Atmen das Ergebnis von Angst oder Hektik ist, dann können wir in Augenblicken der Angst oder Hektik mit ruhigem Atmen Kraft tanken, um ruhig und gelassen zu werden.

Um es noch einmal zu wiederholen: Ich kann mich mit Hilfe des bewußten ruhigen Atmens in Situationen der Gefahr oder Angst beruhigen. Ich kann auf diese Weise selbst bestimmen, ob ich gelassen bin oder mich fürchte.

Wenn dies alles so einfach ist, warum haben wir dann nicht alle schon längst von dieser Wunderwaffe gegen Hektik und Angst im Alltagsleben Gebrauch gemacht?

*

Wenn Sie den Ausführungen bis hierher gefolgt sind, dann raten wir Ihnen, jetzt folgendes zu tun:

Erstens:

Halten Sie im Lesen inne und nehmen Sie bewußt die bequemste Stellung ein, die Ihnen möglich ist. Entspannen Sie sich.

Sagen Sie sich: »Ich beschäftige mich in der nächsten halben Stunde oder noch länger mit der für mich wichtigsten Sache der Welt – mit mir. Ich lerne, besser mit mir selbst umzugehen. Darauf konzentriere ich mich jetzt vollkommen. Alle Probleme um mich herum sind für diese Zeit gleichgültig. Ich mache mich davon frei.«

Zweitens:

Schließen Sie die Augen und verfolgen Sie Ihren Atem. Verfolgen Sie ihn, aber zwingen Sie ihn nicht in einen unnatürlichen Rhythmus.

Atmen Sie ein. Ganz ruhig und ohne Hast. Verfolgen Sie dabei in Ihren Gedanken, wie sich der Atem in Ihrem Körper nach unten bewegt. Bis zu einem Punkt unterhalb des Nabels, den man »Sonnengeflecht« nennt.

Dort halten Sie den Atem ganz kurz an. Ohne Zwang. Ganz einfach so, als würden Sie ihm ein klein wenig Ruhe gönnen. Dann verfolgen Sie den Atem, wie er den Körper wieder verläßt. Verfolgen Sie seinen Weg.

Atmen Sie länger aus, als Sie zum Einatmen brauchten.

Achten Sie darauf, daß Sie das Ausatmen nicht unterbrechen, ehe nicht wirklich der ganze Atem aus dem Körper ist. Dann machen Sie wieder eine ganz kurze Pause und beginnen das Ganze von vorne.

Und das zehnmal.

Also:

- sich bequem hinsetzen oder -legen – oder bequem gehen oder stehen – und sich entspannen.
- Den Atem verfolgen.
- Zehnmal ruhig einatmen und ausatmen.

Warten Sie nicht länger damit. Fangen Sie gleich jetzt an. Legen Sie dieses Buch zur Seite und üben Sie. Zählen Sie die Atemzüge zwanglos mit.

*

Wenn Sie jetzt weiterlesen und unseren Rat befolgt haben, werden Sie um die Erfahrung von zehn bewußten Atemzügen reicher sein.

Zehn bewußte Atemzüge – was haben Sie dabei erlebt?

Vielleicht antworten Sie jetzt erstaunt: »Was soll ich dabei schon erlebt haben? Ich habe geatmet, das ist alles.«

Wenn Sie das sagen können, sind Sie in der Kunst des natürlichen Atmens weit fortgeschritten.

Erfahrungsgemäß sind die meisten Menschen weit davon entfernt, »einfach zu atmen«, wenn man ihnen vorschlägt, zehn bewußte, ruhige Atemzüge zu machen.

Hier sind die Aussagen von drei Teilnehmern eines Lebensschule-Seminars zu diesem Thema:

- »Kaum habe ich angefangen, mich auf meine Atmung zu konzentrieren, kamen mir tausend blödsinnige Ideen in den Sinn und lenkten mich ab. Ich schaffe es dann nicht einmal mehr, fortlaufend bis zum zehnten Atemzug zu zählen.«
- »Ich konnte nicht mehr als fünf Atemzüge richtig machen, da bekam ich Herzbeschwerden und glaubte zu ersticken.«
- »Es war für mich ein wunderbares Erlebnis. Schon nach den ersten Atemzügen dachte ich an nichts mehr. Ich vergaß ganz, daß ich ja richtig atmen und zählen sollte. Ich vergaß einfach alles, was um mich herum war.«

Drei typische Aussagen von Menschen, die zum erstenmal in ihrem Leben versuchten, bewußt zehn ruhige Atemzüge zu machen.

Sie alle hatten in irgendeiner Weise Schwierigkeiten. Selbst der Teilnehmer, der alles um sich herum vergaß, war nicht recht glücklich darüber. Er hatte Schuldgefühle, weil er während des Atmens nicht von eins bis zehn gezählt hatte.

Welche Erfahrungen haben Sie gemacht?

Lassen Sie bitte diese Frage nicht unbeantwortet, nur weil Ihnen im ersten Augenblick nichts dazu einfällt. Denken Sie darüber nach.

Wenn Sie sich besonders gründlich damit auseinandersetzen möchten, dann sollten Sie sich ein Arbeitsheft anlegen, einen Kugelschreiber oder Bleistift zur Hand nehmen und Ihre Erfahrungen niederschreiben.

Führen Sie, während Sie sich mit diesem Band beschäftigen, eine Art Tagebuch über Ihre Erfahrungen.

Ihre Gedanken und Erkenntnisse schriftlich niederzulegen, hat verschiedene Vorteile:

1. Das Aufschreiben zwingt Sie, sich gründlicher mit einem Problem auseinanderzusetzen. Wenn man nur darüber nachdenkt, neigt man sehr oft dazu, unangenehme Überlegungen einfach abzubrechen.
2. Das Aufschreiben ist eine einfache Disziplinierung zur Selbstbewältigung. Wenn wir schreiben, unternehmen wir aktiv etwas zur Bewältigung eines Problems. Wenn wir ausschließlich darüber nachdenken, neigen wir sehr oft dazu, vor einer unbequemen Erkenntnis davonzulaufen.
3. Was wir heute aufgeschrieben haben, können wir morgen noch einmal überprüfen. Wir brauchen dabei keine Angst davor zu haben, daß wir etwas vergessen hätten, das uns wichtig erscheint.

Schreiben, um etwas klarer überblicken zu können, ist eine bewährte Form der Auseinandersetzung mit sich selbst. Wer ein Tagebuch führt, weiß das längst.

Welche Erfahrungen also haben Sie mit den zehn bewußten ruhigen Atemzügen gemacht?

Denken Sie darüber nach. Schreiben Sie es auf.

Machen Sie sich bewußt, ob es Ihnen gelungen ist, durch die bewußte Atmung irgend etwas bei sich zu bewirken.

Ob es Ihnen gelungen ist, durch diese zehn bewußten Atemzüge Ruhe zu finden. Vielleicht ein Gefühl innerer Harmonie und Entspannung zu erleben. Wenn dies der Fall ist, dann sollte es Ihnen zu denken geben.

Sie sollten sich fragen: »Wie kann ich diese Methode der Entspannung und inneren Stärkung für die Bewältigung meiner alltäglichen Probleme nutzen?«

Oder: »Wenn ich schon beim erstenmal deutlich spürte, wie mich ruhiges Atmen beruhigt und stärkt, warum mache ich mir diese Möglichkeit nicht von heute an bei der Bewältigung aller kritischen Situationen im Alltag zunutze?«

Hier sind einige Beispiele aus den praktischen Erfahrungen der Lebensschule-Seminare:

- Ein 34 Jahre alter Werbeleiter hatte die Idee, mit Hilfe der bewußten Atmung seinen Zigarettenkonsum von 60 Stück am Tag einzuschränken.

Bei seinen ersten Versuchen, ruhig und tief zu atmen, war ihm bewußt geworden, daß er damit saubere Luft einatmete, während er bei Zügen aus der Zigarette alle möglichen Schadstoffe in seine Lunge sog.

Also beschloß er, wie er erklärte, »statt jeder zweiten Zigarette zehn saubere Züge zu machen und diese richtig zu genießen.«

- Eine 44jährige Sachbearbeiterin in einem Finanzamt beschloß: »Ich habe eigentlich immer ein bißchen Angst, wenn mein Telefon läutet. Vor allem fürchte ich einen Anruf meines Chefs, der ein richtiger Leuteschinder ist. Er wird oft beleidigend, und dann brauche ich Stunden, bis ich mich von seiner rüden Art wieder erholt habe.
- Mir ist aufgefallen, daß sich jedesmal, wenn mein Telefon läutete, in mir irgend etwas zusammenzog. Irgend etwas verkrampfte sich. Mir stockte sozusagen der Atem. Ich begann in den Handflächen zu schwitzen. Manchmal mußte ich mich regelrecht bemühen, daß mir die Stimme nicht versagte.
- Dieses Problem bin ich fast vollständig los, seit ich mir mit einem tiefen Atemzug Mut mache. Wenn heute das Telefon läutet, dann greife ich nicht sofort hastig und angsterfüllt danach. Ich schließe die Augen und mache einen ruhigen Atemzug. Ich sage mir beim Ausatmen in Gedanken: ›Ich bin frei und ohne Angst.‹ Seither fürchte ich keinen Anruf mehr. Ich denke manchmal, ich sei dadurch ein völlig neuer Mensch geworden.«

Eine erstaunliche Feststellung, finden Sie nicht auch? Eine Frau meint, sie wäre ein neuer Mensch geworden. Durch nichts anderes als durch einen einzigen Atemzug vor einer Situation, bei der ihr vorher jahrelang regelmäßig der Atem gestockt hatte und die Hände feucht geworden waren.

- Ein 22jähriger hochaufgeschossener Student nützte die bewußte Atmung zu einem ganz anderen Zweck. Sein Problem war, daß er schmächtig gebaut war. Vor allem seine eingefallene Brust verursachte ihm so starke Minderwertigkeitskomplexe, daß er sich niemals in ein öffentliches Bad gewagt hatte. Er fürchtete, man könnte ihn auslachen.

In einem Lebensschule-Seminar hatte ein anderer Teilnehmer erwähnt, daß er seit Jahren an jedem Morgen zwanzig tiefe Atemzüge vor offenem Fenster mache. Der Erfolg sei für ihn sensationell.

Einerseits hätte er – weil er diese Übung im Sommer wie auch an eiskalten Wintertagen machte – seither nie wieder eine Erkältung gehabt. Andererseits hätte sich dadurch sein Brustkorb in erstaunlicher Weise vergrößert.

Der erwähnte schmalbrüstige Student jedenfalls praktizierte diese Atemübung ein Jahr lang täglich und war vom Erfolg so begeistert, daß er bei einem späteren Seminar vor den anderen Teilnehmern sein Hemd auszog, um voll Stolz seinen Brustkorb zu zeigen.

Im übrigen meldeten sich auch Frauen, die durch tägliche Atemübungen erstaunliche Erfolge bei der Stärkung ihrer Brust bestätigen.

Halten wir also fest:

- Regelmäßig bewußtes Atmen stärkt die Brust.
- Es stärkt das Selbstbewußtsein.
- Es hilft beim Reduzieren des Zigarettenkonsums.

Überlegen Sie doch einmal, was das bewußte Atmen in *Ihrem* Leben zum Besseren ändern könnte?

Lesen Sie nicht einfach weiter und übergehen Sie diese Frage nicht mit dem Argument: »Ja, das ist interessant, darüber werde ich nachdenken.«

Irgendwann einmal. Also mit größter Wahrscheinlichkeit nie.

Denken Sie *jetzt* darüber nach.

Aber nicht nur das: Fällen Sie auch eine Entscheidung. Beschließen Sie, einen Versuch zu unternehmen. Und zwar von diesem Augenblick an einen ganzen Monat lang.

Also:

- Klären Sie jetzt sofort, was die zehn bewußten Atemzüge, die Sie vorhin geübt haben, in Zukunft in Ihrem Alltagsleben zum Besseren ändern können.

- Fällen Sie sofort die Entscheidung, einen Monat lang die Atemtechnik zu üben, um selbst herauszufinden, wie diese einfache Methode der Selbstlenkung bei Ihnen funktioniert.

*

Haben Sie diese Entscheidung gefällt? Jetzt? Noch ehe Sie weiterlesen?

Wenn nicht: Holen Sie es nach. Sie wollen schließlich Nutzen für sich aus diesem Lebensschule-Band ziehen.

Dabei sollte Ihnen klar sein, daß diese einfache und natürliche Technik Sie nichts kostet. Sie brauchen nichts zu kaufen, Sie brauchen keinen Lehrer, keine Hilfsmittel. Kein Aufwand ist erforderlich.

Sie können sofort beginnen. Gleichgültig, wie alt oder jung Sie sind, ob Sie reich sind oder arm, Hausfrau oder Generaldirektor. Ist das nicht faszinierend?

Sie besitzen in Ihrer Atmung ein Instrument, das Sie ohne große Mühe von Problemen befreien kann, die Sie vielleicht viele Jahre lang bedrückten. Ein Instrument, sich selbst zu lenken. Sie müssen es nur benützen. Tun Sie es! Nicht irgendwann einmal, sondern jetzt gleich.

Schließen Sie die Augen. Atmen Sie drei- oder fünf- oder zehnmal ganz ruhig. Verfolgen Sie den Atem.

Genießen Sie die Ruhe in sich.

Versuchen Sie die Kraft zu spüren. Erinnern Sie sich an die weiter vorne erwähnte Meditationsanleitung, die besagt: »Wenn du bewußt einatmest, stelle dir vor, daß du die Energie des Kosmos in dich aufnimmst. Wenn du bewußt ausatmest, stelle dir vor, daß sich diese Energie in deinem ganzen Körper verteilt.«

*

Lassen Sie uns also zusammenfassen:

Auf den vorangegangenen Seiten sollten Sie dazu veranlaßt werden, das bewußte Atmen als Technik zur Selbstlenkung und Selbstbeeinflussung an sich auszuprobieren.

Wenn Sie sich beispielsweise dazu entschlossen haben, einen Monat lang mit Hilfe mehrerer Atemzüge Ihre Ängste zu bewältigen, Ihren Brustkorb zu stärken, irgendeine andere Fähigkeit zu entwickeln oder eine schlechte Angewohnheit zu meistern, dann sollten Sie mit dem Studium dieser Anleitung nicht sofort fortfahren.

Fahren Sie damit erst fort, wenn Sie mit der ersten Selbstlenkungstechnik Ihre eigenen Erfahrungen gemacht haben.

Es kann von Nutzen sein, wenn sie gelegentlich die vorangegangenen Seiten noch einmal durchlesen und Ihre eigenen Erfahrungen mit dem Text vergleichen.

Vielleicht hilft Ihnen das auch über Zweifel und Krisen hinweg, die naturgemäß auftreten werden.

Lassen Sie uns betonen: Die Technik, die Ihnen hier vorgestellt wurde, besteht darin, daß Sie lernen, bewußt und ruhig zu atmen, und daß Sie dies täglich für die Praxis des Alltags üben. Das ist alles.

Machen Sie keine komplizierte Sache daraus.

Viele Menschen neigen heute dazu, nur komplizierten und möglichst teuren Methoden und Hilfsmitteln zu vertrauen. Was nichts kostet, meinen viele, taugt nichts.

Es gibt kein Mittel, das langfristig, auf natürliche Weise und ohne Ihnen zu schaden mehr für Sie tun kann, als Ihre eigene Atmung. Sie müssen nur lernen, sich dieses einmaligen, außergewöhnlichen, kostenlosen Instruments zu bedienen.

Jetzt gleich.

Morgen früh, vor dem Aufstehen, im Bett.

Auf dem Weg zur Arbeit.

Vor einer kritischen Situation.

Um schnell Ärger loszuwerden.

Nach einer Demütigung.

Nach einer Niederlage.

Wenn Sie verzweifelt sind. In einer scheinbar ausweglosen Situation.

Wenn Ihre Mitwelt Sie jagt. Oder wenn Sie selbst sich zu Tode hetzen.

In allen diesen Situationen und in noch ungezählten anderen mehr brauchen Sie sich nur folgendes zur selbstverständlichen Gewohnheit zu machen:

- Entspannen.
- Die Augen schließen.
- Ganz ruhig den Atem einziehen und verfolgen, wie er sich in Ihr »Sonnengeflecht« senkt.
- Nach einer kleinen Pause wieder das Ausatmen verfolgen.

Und, wenn Sie es für nützlich halten, sich dabei vorzustellen, wie Sie mit dem Atem Energie aufnehmen und wie Sie sich beim Ausatmen im Körper verteilt. Und wie Sie stark und gelassen werden.
Vielleicht erzielen Sie schon mit einem einzigen Atemzug die gewünschte Wirkung. Oder der Erfolg stellt sich nach drei, fünf oder zehn Atemzügen ein. Probieren Sie es aus. Von jetzt an.
Und lassen Sie sich durch nichts davon abhalten, Ihre eigene Erfahrung mit dieser ersten Technik der Selbstlenkung zu machen.

Zweite Technik

Lernen Sie, sich jederzeit richtig zu entspannen.

Die meisten Menschen sind nicht imstande, sich aus dem Streß zu befreien, den ihnen Umwelt und eigene Ungeduld aufzwingen.
Das schwächt ihre Widerstandskraft gegen die Versuchungen des Alltags. Sie werden gelenkt, statt sich selbst zu lenken.

»Wenn Sie sich nicht selbst lenken, werden es andere zu ihrem Vorteil tun«, diese Überlegung möchten wir Ihnen am Beginn dieses neuen Kapitels in Erinnerung rufen.

So selbstverständlich dieser Satz auch klingt, die meisten Menschen werden vermutlich vorerst nichts damit anzufangen wissen. Dies liegt daran, daß ihnen noch niemals in den Sinn gekommen ist, in welch hohem Maße sie von ihrer Umwelt angetrieben, unter Druck gesetzt, verführt und manipuliert werden.

Sie haben sich damit abgefunden.

Es gefällt ihnen, von anderen gelenkt zu werden, weil es sie der Mühe enthebt, ihr Leben selbst zu bestimmen.

Ist es ein sinnvolles Leben?

Ist es unser eigenes Leben, das wir da führen? Oder haben wir uns schon so sehr an die Mitwelt angepaßt, daß wir gar nicht mehr wissen, was wir *selbst* wollen und wozu uns die *anderen* drängen?

Aber kehren wir von der Philosophie des Lebens zurück zu den Techniken, mit denen wir unsere Vorstellungen verwirklichen können. Sie beginnen immer wieder mit den Fragen:

»Kann ich mich auf mich selbst verlassen?«

»Bin ich imstande, meine Vorstellungen und Ziele auch in die Tat umzusetzen? Oder bleibt meine Fähigkeit des Handelns immer mehr hinter dem zurück, was ich mir für mich erträume?«

Setzen Sie sich jetzt bequem an einen möglichst ruhigen Platz.

Tun Sie alles, um sich in der nächsten halben oder dreiviertel Stunde wirklich angenehm zu fühlen.

Schalten Sie die Probleme ab, die Sie im Alltag beschäftigen.

Diese Zeit gehört Ihnen und der Weiterbildung Ihrer Fähigkeit, das Leben besser zu meistern.

Vor allem: Schließen Sie die Augen und atmen Sie zehn Atemzüge lang ganz ruhig und harmonisch, bis sich diese Harmonie in Ihrem Denken und Fühlen breitmacht und Sie sich sicher und stark fühlen.

Haben Sie in den vergangenen Tagen die Technik des Atmens als Selbstlenkung an sich erprobt? Oder haben Sie die Bemühungen früher aufgegeben, als Sie vorgehabt haben?

Hatten Sie eines Tages plötzlich keine Zeit mehr dazu?

Diese Ausrede wäre nichts Außergewöhnliches. Sie gehört zu den häufigsten Gründen, warum ungezählte Menschen ihr großartiges Vorhaben vorzeitig beenden: Wenn die ersten Schwierigkeiten auftauchen, sucht man nach Ausreden. Und findet sie. Denn nichts macht einen Menschen so erfinderisch wie der Wunsch nach Bequemlichkeit.

Wenn Sie also Ihrer Bequemlichkeit nachgegeben haben oder wenn »wichtigere« Dinge Sie davon abgehalten haben, für das Wichtigste in Ihrem Leben, nämlich sich selbst, etwas zu tun: Nehmen Sie jetzt, gleich jetzt und ohne Zögern, einen zweiten Anlauf.

Also: Schließen Sie die Augen und entdecken Sie die Wirkung von zehn ruhigen Atemzügen auf Geist und Körper.

*

In diesem Kapitel geht es um die Entspannung.

Es kann durchaus sein, daß Sie sich fragen: »Was soll denn die Entspannung mit der Fähigkeit zu tun haben, mich selbst zu lenken?«

»Ich habe bisher zu den Menschen gehört«, schrieb ein Teilnehmer des Lebensschule-Seminars auf seinen Notizblock, »die auf ihre eigenen Wünsche ungezählte Male nur deshalb verzichten, weil sie anderen keine Schwierigkeiten bereiten wollen. Ich war geradezu das Muster eines Gefälligkeitsmenschen. Jemand brauchte nur einen Wunsch zu äußern, schon war ich zur Stelle. Auch wenn ich genau wußte, daß ich nur von anderen ausgenützt wurde, tat ich, was man von mir wollte. Selbst wenn ich mir schon kurze Zeit später die größten Vorwürfe machte, weil ich mich wieder herumkriegen hatte lassen.«

Dieser Mann wußte schon vorher, daß er immer wieder ausgenützt wurde. Er wußte auch, daß er sich nicht ausnützen lassen wollte.

Aber was geschah?

Im Augenblick der Konfrontation versagte sein Abwehrwille.

Er wurde gelenkt und hatte dieser Manipulation nichts entgegenzusetzen.

Sein Vorsatz: »Ich will mich nicht herumkriegen lassen« kam im entscheidenden Augenblick nicht zum Tragen. Irgend etwas hemmte diesen Mann.

Er war im Streß. Die Situation war ihm zuwider. Um diesen Druck möglichst schnell loszuwerden und sich dafür ein Lob einzuhandeln, daß er ein prima Kerl, ein hilfsbereiter Mensch sei, stimmte er rasch zu.

Er stimmte zu rasch zu.

Er ließ sich überrumpeln.

Erst durch die Niederlage löste sich sein Streß.

Was hätte er statt dessen tun sollen?

Hier ist die Antwort: Sich entspannen. Sich nicht überrumpeln lassen, sondern sich Zeit zur Abwehr verschaffen. Wie ein Boxer, der in Bedrängnis ist und den Angreifer für einige Zeit rückwärtstänzelnd auf Distanz hält, um sich für einen neuen Angriff zu erholen.

Sich davor zu bewahren, unüberlegt zu handeln, heißt:

- Sich Zeit zum kritischen Überprüfen verschaffen.
- Die Einengung durch Streß und Bedrängnis überwinden, um wieder klar zu sehen.

Das alles erreichen Sie mit der Technik des Entspannens.

Entspannen heißt: Die Spannung und die dadurch bewirkte Einschränkung meiner Kräfte zu Abwehr oder Angriff abzuschütteln.

Vielleicht haben Sie schon einmal im Fernsehen bei Olympischen Spielen beobachtet, wie sich die weltbesten Hochspringer oder Kugelstoßer auf ihre entscheidende Aktion vorbereiten.

Sie stehen da, den Blick abwesend, manchmal haben sie auch die Augen geschlossen. Sie heben die Schultern hoch, lassen sie fallen und atmen dabei aus. Sie schütteln so alle Beschränkungen ab. Sie befreien sich, um ungehindert springen oder die Kugel stoßen zu können.

Das ist die kürzeste, einfachste Art, sich zu entspannen. Sie können sie überall und jederzeit praktizieren.

Nach dem, was wir im vorangegangenen Kapitel über die Bedeutung der Atmung erfahren haben, wird es Sie nicht erstaunen, wenn ein Teil dieser Kurzentspannung im kräftigen Ausatmen besteht.

Dieses Ausatmen befreit.

Sehr oft, wenn wir eine gefährliche Situation überstanden haben, sagen wir: »Das ging noch einmal gut« oder: »Gott sei Dank, das wäre geschafft.« Dabei atmen wir instinktiv kräftig aus.

Dieses Ausatmen erleichtert uns.

Das Atmen ist der eine Teil der Kurzentspannung. Der andere besteht im Heben und Fallenlassen der Schultern.

Das kommt nicht von ungefähr. Denn in den Schultern drückt sich die Anspannung aus.

- Das Hochheben und das darauf folgende Fallenlassen der Schultern entspannt.
- Vermutlich ist es kein Zufall, daß wir jemandem die Schultern klopfen oder ihn um die Schultern fassen, um ihn zu beruhigen.
- Das Massieren der Schultern gehört zu den typischen, allgemein bekannten Beruhigungsmethoden.

Lassen Sie uns also diese einfachste aller Entspannungstechniken noch einmal abhandeln:

Erstens:

Wenn wir Entscheidungen fällen müssen, mit Aufforderungen anderer Leute konfrontiert oder durch Angst angespannt sind, werden dadurch unsere Kräfte gehemmt und eingeschränkt.

Zweitens:

In solchen Augenblicken sollten wir uns davor hüten, hastig zu entscheiden oder zu handeln, solange wir diese Spannungen nicht gelöst haben.

Wir müssen uns für einige Augenblicke Zeit und dabei Entspannung verschaffen.

Drittens:

Tiefes und ruhiges Ausatmen und das Heben und Fallenlassen der Schultern (wo die Spannung sitzt) oder jede andere Form des körperlichen »Abschüttelns« entspannt und löst die einschränkende Handlungshemmung.

So einfach ist die Technik des Entspannens, jene Technik, zu der wir Sie anregen wollen. Denn sie ist der Anfang des Verständnisses für die Bedeutung der Entspannung als selbstlenkendes Instrument.

Natürlich gibt es raffiniertere und stärkere Methoden der Entspannung. Yoga beispielsweise. Oder die Meditation. Auch das immer populärer werdende Autogene Training.

Aber alles das sind aufwendige Methoden. Sie müssen Kurse besuchen und viel Zeit damit zubringen. Es kann durchaus sein, daß Sie sich eines Tages dafür interessieren (wenn Sie es nicht schon getan haben) und die eine oder andere dieser wirksamen und bewährten Methoden erlernen.

Hier aber soll Ihnen die einfachste Möglichkeit gezeigt werden, die Sie jetzt sofort und gleich morgen an Ihrer Arbeitsstelle anwenden können, wenn Ihr Chef oder ein Kollege Sie ärgert.

- Oder wenn Sie an einem Punkt angekommen sind, wo Sie meinen: »Jetzt kann ich nicht mehr weiter.«

- Oder wenn jemand Sie zu einer Entscheidung drängt, von der Sie nicht sofort wissen, ob sie Ihnen nützt oder schadet.
- Oder ehe Sie sich ins Auto setzen und den Motor starten.
- Oder vor dem Essen, um mit Hilfe einiger Atemzüge Ihren Magen zu beruhigen.

In allen diesen Situationen sollten Sie sich nicht von Zufällen oder anderen Leuten, von Zeitdruck und Gewohnheiten lenken lassen.

Sie selbst sollten sich lenken, indem Sie sich entspannen und dadurch Distanz zu den Situationen schaffen. Ihre Übersicht erweitert sich dadurch, der Blick für den eigenen Vorteil und das Wesentliche wird klarer. Die hemmende Spannung löst sich.

Sie sind sich sicher, das Richtige zu tun.

Diese Fähigkeit ist ein weiterer Schritt für Sie, sich in Zukunft besser darauf verlassen zu können, in Augenblicken des Entscheidens oder Handelns das verwirklichen zu können, was Sie sich vorgenommen haben.

Probieren Sie es gleich jetzt aus.

- Ziehen Sie die Schultern hoch.
- Schließen Sie die Augen.
- Atmen Sie befreiend aus und schütteln Sie damit alles Hemmende und alle Zweifel ab.

Probieren Sie es noch einige Male. Gleich jetzt. Das ist wichtig.

Denn die beste Entspannungstechnik nützt Ihnen nichts, wenn Sie sie nur zur Kenntnis nehmen und sich sagen: »Ja, das ist wirklich eine gute Sache.«

Sie müssen sie einüben.

Und Sie müssen sofort damit anfangen und sie so lange ausprobieren, bis sie in jeder erforderlichen Situation ganz automatisch funktioniert.

Denken Sie nicht: »Ich muß mich entspannen«, sondern entspannen Sie sich einfach.

Entspannen Sie sich, ohne lange zu überlegen. Ohne sich zu fragen: »Soll ich es jetzt gleich oder erst später machen?« Oder: »Hoffentlich falle ich nicht unangenehm auf, wenn ich das hier mache.« Oder ähnliches.

Denn eines sollten Sie auch wissen: Jeder Zweifel und jedes Darüber-Nachdenken, ob Sie etwas tun sollen, von dem Sie ganz genau wissen, *daß* Sie es tun wollen, bringt Sie in eine neue Spannungssituation.

Sobald Sie nämlich denken: »Soll ich mich jetzt entspannen oder nicht?«, bewirkt dies eine zusätzliche Spannung in Ihnen. Sie fangen an, sich zu fürchten, und diese Angst hemmt Sie.

Richtig entspannen setzt deshalb voraus, daß Sie die Entspannungstechnik so gründlich eingelernt haben, daß Sie ganz selbstverständlich im richtigen Augenblick wirksam wird. Dies kann nur geschehen, wenn Sie sie immer und immer wieder üben.

Fangen Sie gleich damit an. Bevor Sie eine Tür öffnen. Wenn Sie ein Geschäft betreten. Und so weiter.

Wenn Ihnen auch nur das Geringste über diese hier dargelegte Entspannungstechnik und ihre Anwendung, über Bedeutung oder Ablauf unklar ist, sollten Sie die paar Seiten zurückblättern und dieses Kapitel noch einmal von vorne zu lesen anfangen, ehe Sie weitergehen.

Dritte Technik

Lernen Sie, die Gedanken als Motor Ihres Handelns einzusetzen. Wir alle neigen dazu, aus Bequemlichkeit oder Angst vor Niederlagen, den Zweifeln nachzugeben. Statt uns für die Bewältigung eines Problems selbst Mut zu machen.

Wer in kritischen Situationen auf einige positive Denkformeln zurückgreifen kann, besitzt eine wirkungsvolle Alternative zu hemmenden Zweifeln.

Manche Menschen haben keinen gefährlicheren Feind als ihre eigenen Gedanken. Diese Gedanken sind es, die ihnen beim Studieren dieses Lebensschule-Bandes eben in diesem Augenblick entweder sagen: »Statt mich mit diesem Buch herumzuschlagen, was ja doch zu nichts führt, könnte ich jetzt ...« Oder ihre Gedanken sagen ihnen: »Wenn ich auch nur eine einzige Technik lerne, mit der ich mich selbst besser lenken kann, erspare ich mir in Zukunft viel Ärger.«

Die eine Gedanken-Formel zielt darauf ab, Sie von Ihrem Vorhaben abzubringen. Die andere ermutigt Sie dazu, weiterzumachen. Das Motiv für die eine sind Ungeduld und Bequemlichkeit. Für die andere ist es der Wunsch, mehr Erfolg, Glück, Befriedigung und Selbstgefühl durch eigenes Bemühen zu erlangen.

Letzten Endes sind es immer nur wir selbst, die darüber entscheiden, ob wir die eine oder die andere Formel anwenden und mit Hilfe unserer Phantasie so lange ausbauen, bis eine Entscheidung fällt. Die Entscheidung nämlich, das Vorhaben aufzugeben oder es mit freudiger Erfolgserwartung weiterzuführen.

Die Gedanken sind also ein wichtiges Instrument unserer Selbstlenkung. Das sollten Sie sich sehr eindringlich deutlich machen. Die Richtung, die wir unsere Gedanken nehmen lassen, entscheidet darüber, was wir schließlich tun oder wie wir ein Problem bewältigen.

Unsere Gedanken verstärken Ängste und Zweifel. Oder sie verstärken unsere Entschlossenheit zur Bewältigung einer Aufgabe. Deshalb sollten wir uns die Fähigkeit aneignen, unsere Gedanken in jene Richtung zu lenken, die uns nützt.

Die *uns* nützt.

Dies muß betont werden, weil unsere Mitmenschen ununterbrochen darum bemüht sind, unsere Gedanken in jene Richtung zu lenken, die *ihnen* nützt.

*

Lassen Sie diese paar Überlegungen durch Ihren Kopf gehen.

Entspannen Sie sich.

Schließen Sie die Augen.

Atmen Sie ruhig. Fünfmal, zehnmal.

Lassen Sie Überlegungen in Gedanken vorbeiziehen wie:

- Ich selbst kann bestimmen, welche Richtung meine Gedanken nehmen. Eine, die mir nützt, oder eine, die mir schadet.
- Wenn ich selbst nicht meine Gedanken lenke, tun es andere zu ihrem Vorteil.
- Durch die Lenkung meiner Gedanken kann ich selbst mir praktisch alles einreden oder ausreden.

Entspannen Sie sich also.

Atmen Sie ruhig.

Und denken Sie zwanglos daran, was Sie mit Hilfe Ihrer Gedanken als Lenkungsinstrument für sich tun können.

*

Diese dritte Technik der Selbstlenkung besteht darin, sich einige positive Denkformeln vorzusagen – als Alternative zu bisher verwendeten negativen Denkformeln. Oder auch als Verstärkung Ihrer Entschlossenheit zur Bewältigung einer Aufgabe.

Wenn Sie sich beispielsweise vor der Konfrontation mit der Person X bisher fürchteten, hatten Sie vielleicht dafür die Angstformel bereit: »Hoffentlich habe ich keinen Fehler gemacht, den X mir vorwerfen kann.«

Weil die Person X Ihnen kraft ihrer Autorität oder auch nur, weil sie Autorität vortäuschte, einmal Angst eingejagt hat, verbinden Sie jedesmal mit ihr automatisch eine Selbsterniedrigungsformel.

Jedesmal, wenn X in Erscheinung tritt, wird in Ihren Gedanken diese Formel ausgelöst.

Mit anderen Worten: Die Person X hat es verstanden, Ihr Denken in bezug auf sie automatisch zu steuern: X ist gleich Angst und Respekt.

Wenn Sie diese Lenkung von außen durch Ihre eigene Lenkung bewußt neutralisieren wollen, müssen Sie in Ihrem Denken die eigene Alternativformel etablieren.

Sie könnte lauten: »Die Person X ist völlig gleichgültig. Was sie sagt, berührt mich nicht.«

Mit dieser eigenen alternativen Denkformel sollten Sie nun zweierlei tun:

a) Sie sollten sie dort verankern, wo in Ihren Gedanken wie in einem Archiv die bisherige Formel sozusagen griffbereit gelagert war.
   Das können Sie dadurch, daß Sie sich über einige Zeit hinweg Ihre Formel zehn- bis zwanzigmal zwanglos in Gedanken vorsagen.
b) Sie sollten Ihre Formel im kritischen Augenblick abrufen. Also etwa dann, wenn eine Begegnung mit X bevorsteht.
   Je öfter und stärker Sie vorher Ihre Formel in Ihrem Gedanken-Archiv verankert haben, um so selbstverständlicher wird sie im kritischen Augenblick wirksam werden.

Möglicherweise wundert es Sie, daß wir als Alternativformel die Formulierung wählten: »Die Person X ist gleichgültig«, statt vielleicht: »Ich lasse mir von X nichts mehr gefallen.« Oder: »Wenn mich X noch einmal beleidigt, dann gebe ich ihm Saures.«

Aggressive Vorsätze dieser Art haben einen gefährlichen Nachteil: Sie versetzen uns in eine zwanghafte Erwartungshaltung. Wir erwarten dann sozusagen von uns selbst, daß wir plötzlich viel stärker sind als dieser X.

Aller Wahrscheinlichkeit nach sind wir aber gar nicht stärker.

Er bleibt weiterhin unser Vorgesetzter oder eben ein geschickterer Bluffer. Oder er hat auch weiterhin mehr Selbstsicherheit und das bessere Mundwerk.

Wir sollten also nicht daran denken, ihm eine Niederlage zuzufügen. Wir sollten vielmehr um uns selbst einen Schutzschild errichten, an dem alle seine Angriffe abprallen.

Seine Angriffe sind uns gleichgültig.

Wir überschätzen ihn nicht mehr. Wir messen ihm keine besondere Bedeutung mehr bei.

Also brauchen wir auch keine Angst mehr vor ihm zu haben.

Dies ist wichtig, wenn Sie in Zukunft Ihre eigenen Alternativformeln formulieren: Sagen Sie nicht »ich will« oder »ich muß«, weil dadurch Ihre Erwartungshaltung erhöht wird und in Ihnen eine neue Angst entsteht – die Angst, diesem erwartungsvollen »ich will« oder »ich muß« gerecht zu werden.

Dadurch verkrampfen Sie sich und scheitern möglicherweise.

Wählen Sie neutralisierende Formulierungen wie:

- Meine Angst ist gleichgültig.
- Ich bin ruhig und schlafe ganz von selbst ein.
- Ich messe meiner Angst keine große Bedeutung bei.
- Mir macht das Lernen ganz einfach Spaß.
- Mir macht die Prüfung Spaß.
- Ich bin ganz ruhig und ohne Streß.
- Ich fürchte mich vor nichts und niemanden.

– Meine Depressionen sind völlig gleichgültig.
– Ich nehme die Person Y nicht wichtig. Ihre Vorwürfe treffen mich nicht.
– Mir geht es gut, das Leben macht mir täglich Spaß.

Und so weiter.

Alles das haben Teilnehmer an einem Lebensschule-Seminar auf ihre Notizblocks geschrieben, als sie aufgefordert wurden, über positive Denkformeln nachzudenken, die sie in Zukunft zur besseren Bewältigung ihrer alltäglichen Probleme einsetzen könnten.

Wiederholen wir also noch einmal die Voraussetzungen:

Wenn Sie mit Hilfe Ihres Denkens Ihr Verhalten im Alltag oder in ganz bestimmten Situationen zukünftig verändern möchten, sollten Sie sich eine positive Lenkungsformel suchen.

Diese Formel sollten Sie in Ihr Gedanken-Archiv abrufbereit speichern. Sie können das, indem Sie sich diese Formel eine oder zwei Wochen lang täglich zehn- bis zwanzigmal im Geiste vorsagen.

Sie entspannen sich also, atmen ganz ruhig und sagen sich dann in Gedanken Ihre Formel vor.

Stellen Sie sich vor, daß sie sich dabei in Ihr Gedanken-Archiv senkt, um bei der nächsten kritischen Situation als stärkender Impuls ganz automatisch lenkend aufzutauchen.

Wenn diese kritische Situation dann tatsächlich auftritt, kommt Ihnen vermutlich anfangs noch als erster Impuls Ihre alte Angstformel in den Sinn. Früher hatten Sie für sie keine wirksame Alternative. Jetzt haben Sie sie. Setzen Sie sie ein, indem Sie ein oder zwei ruhige Atemzüge machen und dabei Ihre Formel denken.

Noch einmal: Im Augenblick der Konfrontation, wenn Sie beispielsweise der gefürchteten Person X gegenübertreten, atmen Sie ein-, zweimal ganz ruhig und denken dabei: »Die Person X ist gleichgültig, was sie sagt, berührt mich nicht.«

Haben Sie den Vorgang und den Zusammenhang verstanden?

Sagen Sie jetzt nicht leichtfertig »ja«.

Sie sind Ihr eigener Lehrer, und was Sie hier lernen, lernen Sie allein für sich. Dafür sollten Sie sich Zeit nehmen. Sie brauchen sich vor niemandem zu genieren, wenn Sie etwas nicht sofort verstehen, was hier beschrieben wird.

Blättern Sie ganz einfach zurück und fangen Sie mit dem Lesen noch einmal von vorne an.

Verwenden Sie zum wirklichen Verstehen dieser dritten Selbstlenkungstechnik jetzt drei Tage oder drei Wochen, damit Sie dann in den nächsten dreißig Jahren davon profitieren können.

Zum »wirklichen Verstehen« dieser Technik genügt es auch nicht, hier darüber zu lesen.

Wirklich verstehen heißt, es immer und immer wieder selbst auszuprobieren, seine eigenen Erfahrungen damit zu machen und durch eigene Erfolge in seinem Bemühen bestätigt und ermutigt zu werden.

*

Die Technik, seine Gedanken gezielt zu lenken, hemmende Denkformeln durch nützliche zu ersetzen und sie abrufbereit in unserem Denkarchiv zu verankern – das ist die Fortsetzung der Technik des richtigen Atmens und der bewußten Entspannung.

Sie können jede einzelne getrennt einsetzen. Andererseits aber geht die eine in die andere über.

In der Praxis bedeutet das beispielsweise folgendes:

- Sie stehen vor der Konfrontation mit einer Person oder einer Situation, die Sie fürchten.
- Früher hätten Sie sich vielleicht ängstlich vorgesagt: »Hoffentlich schaffe ich das. Hoffentlich geht das gut.« Sie hätten sich ausgemalt, wie schrecklich es wäre, bei dieser Konfrontation einc Niederlage zu erleiden. Es braucht nicht betont zu werden, daß diese Überlegungen Sie in Ihrer Entschlossenheit geschwächt hätten.
- Jetzt schieben Sie diese gewohnten Angstformeln bewußt zur Seite und formulieren Ihre eigene positive Stärkungsformel. Etwa: »Meine Angst ist

gleichgültig. Was die anderen sagen, ist nicht wichtig. Ich bin stark, ich schaffe es. Nichts kann mir Angst machen.«

- Diese Formel sagen Sie sich täglich zwanglos zehn- oder zwanzigmal vor, nachdem Sie sich durch ein paar ruhige Atemzüge entspannt haben.
- Wenn Sie dann zur Konfrontation antreten, atmen Sie einige Male ruhig durch, heben die Schultern und lassen sie fallen, damit sich die Anspannung in Ihrem Nacken löst. Dabei sagen Sie sich Ihre Formel im Geiste vor.
- So vorbereitet, treten Sie zur Konfrontation an.

Mag sein, daß Sie trotzdem eine Niederlage erleiden.

Mag sein, daß Sie beim ersten-, zweiten- und drittenmal trotzdem nicht den erwarteten Erfolg haben.

Das kann daran liegen, daß Sie vielleicht zu große Erwartungen in diese Technik gesetzt haben.

Es kann auch sein, daß Sie fachlich für die Konfrontation nicht gut genug vorbereitet waren. Wenn Sie eine Führerscheinprüfung abzulegen haben, kann diese Technik Sie von Ihrer Nervosität befreien, Sie kann aber nicht Ihr fehlendes Wissen über Verkehrszeichen herbeizaubern.

Es kann schließlich auch sein, daß Sie zwar die Technik anwenden, aber nur mit halbem Herzen. So, wie manche Menschen an den lieben Gott glauben: Sie kümmern sich ein ganzes Jahr nicht um ihn. Wenn er ihnen aber einmal nicht aus der Patsche hilft, obwohl sie ihn mit einem schnellen Stoßgebet angerufen haben, glauben sie nicht mehr an ihn.

Wenn Sie die hier beschriebenen Techniken nur mit halbem Herzen anwenden, dürfen Sie auch nur einen halben Erfolg erwarten.

Wenn Sie also sagen: »Na ja, ich versuche es halt, schaden kann's ja nicht«, dann wird Ihnen die Technik tatsächlich kaum schaden. Aber sie wird Ihnen auch kaum nützen.

Das sollten Sie bedenken.

Und noch etwas: Niemand anderer ist schuld daran, wenn die Technik nicht zum gewünschten Erfolg führt, als Sie ganz allein. Deshalb sollten Sie Ausreden von vornherein gar nicht erst in Betracht ziehen.

Der Teilnehmer eines Lebensschule-Seminars erfand für sich folgende Verhaltensregel: »Die Zeit, die es mich kosten würde, eine Ausrede für mein Versagen zu konstruieren, verwende ich dafür, noch einen Versuch zu unternehmen.«

Vierte Technik

Lernen Sie, sich vorzustellen, wie Sie jede Schwierigkeit erfolgreich meistern.

Viele Menschen setzen Ihre Phantasie vorwiegend dafür ein, sich Ihr Versagen auszumalen und vorzeitig nach glaubhaften Entschuldigungen zu suchen.

Die positiv gelenkte Vorstellungskraft kann ein dynamischer Motor bei der Bewältigung einer Aufgabe sein. Vorausgesetzt, man setzt sie richtig ein.

Was ganz allgemein für unser Denken gilt, kann auch über unsere Phantasie gesagt werden: Nicht selten machen wir sie zu unserem größten Feind.

Wir wenden unsere Vorstellungskraft dafür auf, uns selbst zu entmutigen, uns Ängste einzureden und uns auszumalen, was alles passieren könnte, wenn … Wer hatte nicht schon grundlos Angst vor dem Zahnarzt oder spielte mit dem Gedanken, der Schmerz im Magen oder in der Brust könnte Krebs sein?

Unsere Phantasie allein hat uns Angst gemacht.

Warum setzen wir sie nicht dazu ein, uns Mut zu machen?

Wenn wir uns Gedanken zum ersten Schritt zur Bewältigung einer Sache machen, dann ist unsere Phantasie die kreative Fortsetzung.

Wir denken: »Vor diesem Mann habe ich Angst.«

Dann tritt die Phantasie in Aktion und führt uns bildreich vor Augen, welche furchtbaren Folgen eine Konfrontation mit diesem Mann für uns möglicherweise haben wird.

Möglicherweise. Denn die Phantasie sucht ihren Weg der Vorstellung jenseits der tatsächlichen Realität.

Es ist aber gut, daß wir Phantasie besitzen. Denn wir können sie auch positiv trainieren.

Sie kann für uns die schöne utopische Alternative zur brutalen Realität des Alltags sein.

Sie zeigt uns das Schöne, das uns Freude bereitet, wenn das reale Leben uns diese Freude vorenthält.

Mit ihrer Hilfe können wir uns vorstellen, wie sich ein Traum erfüllt, den wir allein mit nüchternen Gedanken für unerfüllbar halten.

Wer sich nach den erprobten Wegen des erlaubten und vorstellbaren Verhaltens allein orientiert, wird nie das unmöglich Scheinende riskieren und das tun, wozu ihn manchmal seine Phantasie verführen möchte.

Bei vielen Menschen verkümmert die Fähigkeit unbegrenzter Vorstellungen allmählich. Sie werden durch die uns von Jugend an eingetrichterten Ermahnungen bestimmt, wie: »So etwas tut man doch nicht«, »Was würden denn da die anderen sagen« oder »Wo kämen wir hin, wenn das alle tun würden«.

Menschen, die nach diesen Regeln leben, benützen ihre Phantasie sehr oft nur dazu,

- Schuldgefühle zu dramatisieren, wenn sie etwas getan haben, »das man nicht tut«,
- Entschuldigungen zu konstruieren, noch ehe sie eine Sache begonnen haben, an deren Verwirklichung sie von vornherein zweifeln.

Das alles also kann unsere Phantasie. Sie kann uns Angst machen oder Mut. Welche Richtung sie nimmt, liegt allein bei uns.

Deshalb sollten wir lernen, unsere Vorstellungskraft richtig zu lenken, statt uns ihr auszuliefern.

Unsere Phantasie so zu lenken, daß sie uns nützt, uns Glauben gibt und Mut zum selbstbewußten Handeln, ist eine Frage

1. unsere Einstellung,
2. der Ausdauer im Training.

Die richtige Einstellung ist eine Frage der Entscheidung, die sie jetzt fällen sollten, und mit der Sie sich verpflichten, vorerst einen Monat lang jede Negativ-Phantasie durch eine Positiv-Phantasie zu ersetzen.

Einen Monat lang deshalb, um sich nachher keine Vorwürfe machen zu müssen, wenn Sie sich nicht mehr an diese Entscheidung halten.

Es könnte ja sein, daß Sie nach diesem Monat des Ausprobierens zu dem Schluß kommen, diesen letzten Schritt der Lenkung Ihres Denkens und Vorstellens nicht machen zu wollen.

Also sollten Sie sich vorerst nur für einen Monat entscheiden. Aber mit der Bedingung, daß Sie während dieses Monats ernsthaft, an jedem Tag, bei jeder Gelegenheit darauf achten, wann und wie Ihre Phantasie sich selbständig machen möchte, um Ihnen belastende, erniedrigende, ängstliche, schreckliche Vorstellungen vorzugaukeln.

In solchen Momenten machen Sie folgendes:

1. Sie atmen ein, zweimal ganz ruhig.
2. Sie denken dabei entschlossen: »Stop, ich denke nur positiv.«
3. Dann lassen Sie Ihrer Phantasie freien Lauf dabei, sich statt der negativen Möglichkeiten die positive Alternative vorzustellen.

Nicht, daß es sowieso keinen Sinn habe, einen Versuch zu machen, weil Sie selbst und andere Leute daran schon gescheitert sind.

Sondern, wie Sie es trotz aller dieser Einwände *doch* schaffen.

Setzen Sie Ihre Phantasie ein, sich auszumalen, *wie Sie es schaffen.*

Malen Sie sich den Erfolg in den schönsten Farben aus, bis der Wunsch immer stärker wird, diesen Erfolg auch in der Realität zu erleben.

Lassen Sie Ihre positiven Phantasiebilder Ihr Selbstbewußtsein beflügeln.

Denn: Der erste Schritt zur erfolgreichen Verwirklichung einer schwierigen Aufgabe ist die Fähigkeit, sich vorzustellen, daß man sie meistern kann.

Und: Wenn Sie es sich intensiv genug vorstellen können, dann geht die Phantasie allmählich in den Glauben über.

Sagen Sie sich nicht: »Na ja, es ist ja nur meine Phantasie, mit der ich das Problem löse, die Realität – das ist etwas ganz anderes.«

Sagen Sie sich: »Die Phantasie stärkt meinen Glauben, und mein Glaube ist der erste Schritt zur Verwirklichung.«

*

Nehmen Sie sich jetzt Zeit, sich das alles noch einmal durch den Kopf gehen zu lassen:

- Die Gewißheit, daß Sie bestimmen können, welche Richtung Ihre Vorstellungskraft nimmt.
- Die erstaunlichen Möglichkeiten, Ihre Phantasie für die erfolgreiche Bewältigung des Lebens einzusetzen.
- Die Entwicklung der Gedanken zur Phantasie, der Phantasie zu Glauben und Selbstvertrauen. Und wie das alles zu einem starken Motor für Ihr Handeln wird.

Denken Sie darüber nach.

Vor allem aber: Ringen Sie sich zu der eindeutigen, kompromißlosen Entscheidung durch, von jetzt an einen Monat lang Ihre positive Phantasie zu trainieren, indem Sie negative Phantasieabläufe schon im Keime in die von Ihnen bestimmte Richtung lenken.

Entspannen Sie sich also.

Atmen Sie fünf- oder zehnmal ganz ruhig.

Stellen Sie sich vor, wie Ruhe und Kraft sich in Ihrem Körper und in Ihrem Denken breitmachen.

Lassen Sie ganz zwanglos all das in Ihren Gedanken entwickeln, was Sie bisher über die Lenkung Ihrer Phantasie hier gelesen haben.

*

Nach dieser Phantasie des kreativen, entspannten Meditierens sollten Sie eine klare Entscheidung gefällt haben.

Haben Sie sie gefällt?

Ist sie wirklich kompromißlos, oder haben Sie sich ein Hintertürchen offengehalten? Vielleicht, indem Sie eine Formulierung gefunden haben, wie: »Ich werde immer meine Negativ-Phantasie durch eine Positiv-Phantasie ersetzen, wenn es mir möglich ist.« Oder: »... wenn ich Zeit dazu finde.« Oder haben Sie die halbherzige Entscheidung gefällt, »es halt zu versuchen«?

Alles das erfüllt nicht die tatsächlichen Erfordernisse für einen optimalen Erfolg.

Der optimale Erfolg führt nur über die optimale Entscheidung.

Diese Entscheidung muß kompromißlos sein, ohne »wenn« und »aber«.

Dies ist eine grundsätzliche Frage bei jeder Art der Selbstlenkung.

Wir verlieren in so vielen Dingen die Kontrolle über unser Denken und Handeln, weil wir Niederlagen-Kompromisse mit uns selbst schließen.

Dies mag daran liegen, daß wir in einer Zeit leben, in der die Menschen durch die vielen manipulativen Einflüsse der Umwelt in hohem Maße zur Hilflosigkeit sich selbst gegenüber erzogen werden.

Uns werden ständig neue Möglichkeiten der Flucht vor Konsequenzen angeboten. Es ist uns längst nicht mehr möglich, Vorteile und Nachteile abzuwägen.

Deshalb gewöhnen wir uns immer mehr daran, die Entscheidungen anderen zu überlassen. Wirklichen oder angeblichen Fachleuten. Wirklichen oder angeblichen Autoritäten.

Wir lassen es zu, gelenkt zu werden, weil wir nicht mehr darin kompromißlos sind, unsere eigenen Entscheidungen nach unseren eigenen Vorstellungen zu fällen. Und uns bewußt und gezielt zu lenken.

Dies mag ein wenig theoretisch klingen. Aber in der Alltagspraxis kann das so aussehen:

- Sie entscheiden sich dazu, nicht mehr zu rauchen, weil Sie Anzeichen dafür spüren, daß es Ihrer Gesundheit schadet.
- Sie entscheiden sich aber nicht *wirklich* für das Aufhören. Sie sagen: »Ich will's versuchen.« Oder Sie suchen nach einem Ausweg vor dieser konsequenten Entscheidung, indem Sie nach Anti-Raucher-Tabletten, einem Anti-Raucher-Hypnotiseur oder anderen Hilfsmitteln Ausschau halten.
- Es ist nicht verwunderlich, daß Sie nach einem vorübergehenden Erfolg damit wieder zu rauchen beginnen, weil Sie sich nie *wirklich* für das Aufhören entschieden haben.
- Bei jedem verlockenden Impuls von außen dachten Sie im stillen: »Ich hab's versucht, aber es ist nicht schlimm, wenn ich scheitere.« Sie tragen also

den Gedanken der Niederlage ständig mit sich herum.

Sie hofften, aber sie glauben nicht.

Sie waren selbst nicht wirklich überzeugt davon, daß Sie es schaffen könnten. Sie waren nicht einmal davon überzeugt, daß Sie es schaffen möchten.

Deshalb ist es wichtig, daß Sie jetzt eine kompromißlose Entscheidung fällen.

Nehmen Sie also Arbeitsheft und Schreibgerät zur Hand und schreiben Sie Ihre kompromißlose Entscheidung schriftlich nieder.

Beginnen Sie mit: »Ich beschließe heute, am ....«, und setzen Sie ans Ende dieses Vertrages mit sich selbst Ihre Unterschrift.

Vielleicht finden Sie das ein bißchen lächerlich. Es erfüllt allerdings ganz bestimmt den Zweck, Ihnen möglichst deutlich bewußt zu machen, wie wichtig es ist, klare Entscheidungen mit sich selbst zu fällen. Und sich nicht immer wieder mit Kompromissen selbst zu betrügen, die eine Möglichkeit der Flucht vor der Konsequenz schon von vornherein in sich tragen.

Sich selbst zu lenken – und dies ist die Zielsetzung dieser Anleitung – setzt voraus, daß wir uns selbst immer besser kennenlernen und dem Handeln nicht aus dem Wege gehen.

Sich selbst erfolgreich zu lenken heißt:

- Zu wissen, was wir wollen.
- Zu wissen, wie wir es erreichen können.
- Uns mit dem zu identifizieren, was wir wollen.
- Daran zu glauben, daß wir es erreichen können.
- Es in Angriff nehmen.

Das sind die wichtigsten Komponenten der Selbstlenkung.

Sich selbst zu lenken, auch das sollten Sie überlegen, ist kein in sich abgeschlossenes Vorhaben. Es wirkt in vielen Richtungen.

Es gibt uns Auftrieb und Selbstvertrauen, wenn wir an kleinen Erfolgen merken, daß in uns noch einiges mehr steckt, als wir uns bisher zugetraut haben.

Je mehr wir über uns selbst und unsere steigerungsfähigen Kräfte erfahren, um so sicherer werden wir im Umgang mit der Mitwelt.

Unsere Phantasie ist ein entscheidender Faktor für die Art, wie wir das Leben meistern.

Lernen Sie, davon Gebrauch zu machen.

- Fällen Sie also eine klare Entscheidung.
- Üben Sie das gezielte Lenken, indem Sie vorerst einen Monat lang bei jeder Gelegenheit Negativ-Phantasien schon im Ansatz durch Positiv-Phantasien ersetzen.

Benützen Sie dabei die Technik der Atmung und Entspannung und die Umkehr-Formel: »Stop, ich denke nur positiv.«

Dann stellen Sie sich vor, wie Sie das Problem lösen, und nicht, wie Sie scheitern könnten.

Hier sind einige praktische Beispiele, die Teilnehmer eines Lebensschule-Seminars diskutierten:

- »Ich habe mir nachts, wenn ich nicht einschlafen konnte, immer ausgemalt, wie schlimm es mir am nächsten Morgen im Büro ergehen würde. Ich würde schläfrig und unkonzentriert sein. Mein Chef würde das merken und zornig sein. Das ist jetzt anders: Wenn ich nicht einschlafen kann, lenke ich meine Phantasie zu schönen Dingen hin. Sie führt mich über Wolken, immer weiter ins Weltall hinaus, bis die Erde immer kleiner wird. Schließlich sehe ich sie nur mehr als Punkt, ich spüre mich selbst nicht mehr und schlafe ein.«
- »Früher habe ich als Tennisspieler meinen ganzen Einsatz nur danach orientiert, wie stark mein Gegner sein würde. Wenn ich wußte, daß er besser war als ich, dachte ich von vornherein nur daran, wie ich mit guter Figur die Niederlage durchstehen könnte. Ich stellte mir bis ins Detail vor, wie ich als Verlierer trotzdem hocherhobenen Hauptes vom Court gehen würde. Ich legte mir die Begründungen zurecht, mit denen ich meinen Freunden gegenüber mein Verlieren rechtfertigen würde. Heute male ich mir nur eines aus: Wie ich siege. Mir ist die Stärke oder der Ruf eines Gegners völlig

gleichgültig. Mich interessiert nur eine einzige Vorstellung: Wie ich alle meine Kräfte mobilisiere und gewinne. Ich stelle mir auch nicht mehr vor, wie ich den Court verlasse. Denn ein Sieger braucht nicht zu posieren. Die Realität, nämlich der Sieg, zählt – nicht mein Gehabe. Glauben Sie mir, seit das meine Einstellung ist, freut mich das Tennisspielen erst wirklich.«

Ob es Tennis ist oder das Einschlafen, ob es eine Fähigkeit ist, die Sie sich immer schon aneignen wollten, was auch immer: Nützen Sie Ihre Phantasie zur Verwirklichung Ihres Zieles.

Trainieren Sie, sie für sich richtig einzusetzen.

Fünfte Technik

Lernen Sie, das Spiel zwischen Ihrem »Ich 1« und Ihrem »Ich 2« zu kontrollieren.

Das eine denkt für Sie, das andere handelt für Sie.

Wenn jedes die ihm zugeordnete Funktion erfüllen kann, vollziehen sich auch die schwierigsten Aufgaben »ganz von selbst«.

Wenn Sie die Einleitung dieses fünften Kapitels gelesen haben, sollten Sie sich jetzt entspannen.

Vergessen Sie für einige Zeit die Alltagsprobleme und beschäftigen Sie sich nur mit sich und der Frage: »Wie kann ich mich selbst besser lenken und dadurch mehr Selbstbewußtsein und Gelassenheit gewinnen?«

Nehmen Sie es nicht auf die leichte Schulter.

Sagen Sie nicht: »Ich habe ja so wenig Zeit für solche Dinge.«

Oder: »Am nächsten Wochenende werde ich mich dann eingehender damit beschäftigen.«

Sich selbst zu lenken, zu meistern, sich besser beherrschen zu können ist eine Frage jedes einzelnen Tages und des ganzen Tages.

Dazu ist es notwendig, Ihre grundsätzliche Einstellung darauf einzustimmen und entschlossen zu sagen: »Ich lerne ernsthaft und unbeirrt, mich selbst zu lenken.«

Malen Sie sich doch einmal ausgiebig aus, was sich in Ihrem Leben konkret alles ändern kann, wenn Sie sich in Zukunft besser auf sich selbst verlassen können:

- Ein Teil Ihrer Ängste wird verschwinden. Denn Sie werden wissen, wie man sie durch positive Einstellung ersetzt.
- Sie werden Versuchungen vielerlei Art entschlossener widerstehen, weil Sie sich nicht mehr überrumpeln lassen.
- Und wie Sie wissen, können Sie mit den hier vorgeschlagenen Techniken besser einschlafen, das Rauchen reduzieren oder sogar den Brustkorb stärken.

Und so weiter, und so weiter.

Malen Sie sich aus, wie Sie Ihre Wünsche einen nach dem anderen in die Tat umsetzen.

Nennen Sie es Selbstbeherrschung oder Selbstlenkung. Der Name ist nicht wichtig. Was Sie beginnen und einüben, allein das zählt.

Im Grunde genommen ist es nichts Ungewohntes. Denn:

- Sie atmen ja auch jetzt. Sie sollen es nur bewußter und gezielter tun.
- Sie entspannen sich auch jetzt. Etwa, wenn Sie abends müde nach Hause kommen, sich in den Sessel fallen lassen, die Schultern und Arme hängen lassen und erleichtert kräftig ausatmen, während Sie stöhnen: »Gott sei Dank, daß dieser Tag vorbei ist.«

Kennen Sie das?

Es ist ein ganz natürlicher instinktiver Entspannungsvorgang.

Wozu wir Ihnen lediglich raten, ist, diese instinktive und zufällige Entspannung bewußt und gezielt für sich einzusetzen.

- Wir alle denken, und wir alle gebrauchen unsere Phantasie.

Wir träumen und bauen Luftschlösser. Warum aber sollten wir diese Fähigkeiten nur dem Zufall und sich selbst überlassen. Warum sollten wir sie nicht als Motor für unser Handeln einsetzen?

Was Sie tun sollten, ist nichts weiter, als etwas, was Sie schon besitzen, als jederzeit greifbares Instrument zur besseren Lebensbewältigung einzusetzen.

Tun Sie es gleich jetzt, wenn Sie diese Zeilen gelesen haben.

Atmen Sie einige Male ruhig, verfolgen Sie den Atem.

Schultern heben. Fallen lassen. Entspannungsformel.

Schließen Sie die Augen. Spüren Sie bewußt, wie Sie sich bei jedem Atemzug entspannen. Wie Sie ruhig werden.

Wenn Sie sich dann ein wenig unsicher fragen: »Bin ich jetzt wirklich entspannt, oder rede ich mir das nur etwa ein?« Oder wenn Sie denken: »Eigentlich müßte ich ja jetzt entspannt sein, aber ich bin es nicht. Was ist los mit mir?«, dann sind Sie genau bei jenem Punkt angelangt, um den es in der fünften Technik der Selbstlenkung geht. Um das »Spiel der beiden Ich«. Das eine, das denkt, plant, bestimmt, entscheidet. Und das andere Ich, das macht, verwirklicht, exekutiert. Wenn sich beide harmonisch ergänzen, dann ist dies die optimale Voraussetzung zur Verwirklichung einer Aufgabe.

Wenn also das denkende »Ich 1« einem Nichtschwimmer am Rande eines Schwimmbeckens sagt: »Spring ins Wasser und plansche einfach mit Armen und Beinen herum, damit du mit dem Kopf über Wasser bleibst«, und wenn der Nichtschwimmer daraufhin ins Wasser springt und ohne lange zu denken und zu fragen so zu paddeln anfängt, wie es ihm sein natürlicher Überlebensinstinkt sagt, dann hält er sich damit auch garantiert über Wasser.

Wenn er mit schreckgeweiteten Augen und einem gurgelnden Hilferuf auf den Lippen untergeht, wissen Sie, was dann daran schuld ist?

Ganz einfach: Das »Ich 1« hat »Ich 2« Angst gemacht und auf diese Weise verhindert, das Richtige zu tun.

Statt die in uns allen wirksame Fähigkeit des intuitiven »Machens« ungehindert machen zu lassen, schaltet sich bei uns in solchen Situationen oft das wichtigtuerische »Ich 1« ein und macht uns Angst. Es regt uns zu Zweifeln und Zögern an.

Das Ergebnis: In dem Augenblick, in dem wir die geplante Handlung vollziehen sollen, sind wir bereits völlig verunsichert und verkrampft.

Das »Ich 1« warnt: »Du kannst doch nicht schwimmen. Das muß man doch lernen. Du wirst absaufen. Du wirst untergehen und den Mund voll Wasser haben«, und ähnliches mehr.

Na ja, und wenn uns das »Ich 1« lange genug das Unheil suggeriert hat, passiert es auch.

Es gibt ungeahnte Kräfte und Fähigkeiten in uns. Aber wir lassen sie uns kaputtmachen, weil wir das »Ich 1« nicht bewußt in jene Bereiche verweisen, in denen es am nützlichsten ist – beim Planen, Entscheiden, Denken.

Aber nicht zum Nörgeln, zum Zersetzen. Nicht als Verunsicherer unseres Macher-Ich.

Deshalb ist es wichtig, das richtige »Ich-Spiel« zu lernen und bei jeder Gelegenheit einzusetzen.

Im Grunde genommen ist diese Sache mit den beiden Ich nur eine Variante der Lenkung von Gedanken und der Phantasie.

Entscheidend dabei ist, daß Sie verstanden haben, was vor sich geht. Und daß Sie bewußt beobachten, wie sich Ihr »Ich 1« verhält. Sie sollen erkennen, wann und wie es versucht, durch Zweifelbotschaften und Nörgelslogans das »Ich 2« am unbekümmerten Handeln zu hindern.

Das ist der kritische Punkt, an dem Sie eingreifen müssen. Genauso, wie wir es Ihnen schon bei den Techniken drei und vier geraten haben.

Erinnern Sie sich? Die Umkehrformel lautete: »Stop, ich denke nur positiv.«

Sie können diese Formel natürlich auch dazu benützen, um »Ich 1« in die Schranken zu weisen. Sie können aber ebensogut eine ganz persönliche Formel für sich finden.

Hier einige Beispiele von Teilnehmern an Lebensschule-Seminaren:

»Ich 1 zurück – Ich 2 voran.«

»Denken aus, Ich 2 macht es von selbst ganz richtig.«

»Ich denke klar und zielgerichtet. Dann geschieht alles ganz von selbst, wie es geschehen muß.«

Es gibt auch Varianten dieser Technik ohne konkret gedachte Formeln.

So können Sie sich Ihre beiden Ich personifiziert vorstellen.

Als zwei Trickfilmmännchen beispielsweise, die vor Ihrem inneren Auge wie auf einem Fernsehfilm miteinander um ihre Position kämpfen.

Sie stellen sich dabei stereotyp vor, wie das »Ich 2« – Männchen stets erfolgreich ist und fröhlich kichernd einen Knopf mit der Aufschrift »Stop« drückt, wann immer »Ich 1« anfängt, sich in seine Angelegenheiten zu mischen.

Manche Seminar-Teilnehmer hatten viel Spaß dabei, sich solche kleine »Werbespots« auszudenken und zum rechten Zeitpunkt abrollen zu lassen.

Um es noch einmal zu erwähnen: Dieses »Spiel der beiden Ich« ist im Grunde genommen nichts anderes als die Lenkung von Gedanken und der Phantasie.

Es ist eine Variante davon, die Sie kennen sollten.

Denn je mehr Sie über die Vorgänge wissen, die bei der Selbstlenkung eine Rolle spielen, um so leichter fällt es Ihnen vermutlich, sich selbst ein Bild über die Zusammenhänge zu machen, und sich für jene Technik und Technik-Kombination zu entscheiden, die Ihnen am besten liegt.

Dabei kann es durchaus sein, daß Sie anfangs noch zögernd sagen: »Ich trainiere jetzt einmal einen Monat lang nur das ruhige Atmen und sonst nichts.« Weil Sie vielleicht ein Mensch sind, der alles gründlich der Reihe nach macht.

Gehen Sie Ihren eigenen Weg.

Entscheiden Sie selbst durch Praxis und Experimentieren, wie Sie vorgehen wollen.

Lassen Sie sich nicht unsicher machen.

Vor allem aber: Geben Sie nicht auf, ehe dieser eine Monat um ist, den Sie durchhalten wollen.

*

In der Anleitung zu dieser fünften Technik der Selbstlenkung ist vom »Spiel der beiden Ich« die Rede.

Versuchen Sie sich mit diesem Gedanken vertraut zu machen: Selbstlenkung, sich im Leben durchsetzen, den Alltag zu bewältigen, ist ein Spiel.

Es macht Spaß, dieses Spiel zu spielen. Wie jedes Spiel, dessen Regeln wir kennen, dessen Erfordernisse wir beherrschen und für das wir gut vorbereitet sind. In dieser Anleitung wurde versucht, Ihnen die Regeln vorzustellen und Sie mit den Erfordernissen vertraut zu machen.

Was Sie allein auf sich gestellt tun sollten, ist: Üben.

Zur Technik des Übens mehr im nächsten, dem letzten Kapitel dieses Lebensschule-Bandes.

Sechste Technik

Lernen Sie, wie man richtig einübt, was einem an jedem Tag des Lebens nützen soll.

Wer die Selbstlenkungstechniken beherrschen möchte, sollte die Prinzipien des Trainings kennen. Es nützt nichts, großartige Ideen und Vorsätze zu haben, wenn man nicht die Ausdauer besitzt, sie so lange einzuüben, bis sie zur Gewohnheit geworden sind.

Wenn Sie sich beim Studium dieses Lebensschule-Bandes manchmal gewundert haben, warum wir Sie bis zum Überdruß daran erinnerten, sich während der Lektüre zu entspannen und ruhig zu atmen, hier ist der Grund dafür: Wir wollten Sie mit dem Grundprinzip des Übens vertraut machen.

Es lautet: Was Sie beherrschen möchten, müssen Sie so lange trainieren, bis es ganz von selbst geschieht.

Ganz von selbst geschehen bedeutet: Kein Zögern mehr, keine Zweifel, keine Ausreden, wie: »Das mache ich später. Jetzt habe ich dafür keine Zeit.«

Viele Menschen, die Großes im Sinn haben, scheitern nur deshalb, weil ihnen Geduld und Ausdauer fehlen, es durch ständiges Trainieren »geschehen zu lassen«.

Denn das ist die faszinierende Wirkung des unermüdlichen Übens: Wenn wir nicht lockerlassen, geschieht das, was wir beherrschen oder verwirklichen wollen, eines Tages ganz von selbst. Oder, um es anders auszudrücken: Wer sich beim Üben genug anstrengt, dem fällt der Erfolg eines Tages mühelos in den Schoß.

Sie kennen ja die Floskel des Selbstbedauerns, die wir vielleicht auch schon oft gebraucht haben: »Andere bekommen mühelos, was sie wollen. Ich kann mich anstrengen, wie ich will, es gelingt mir einfach nichts.« Wir haben uns eben nicht rechtzeitig genug angestrengt.

Wer zum erstenmal in seinem Leben hundert Meter sprintet, wird kaum imstande sein, den Landesrekord zu brechen. Wer drei Jahre hindurch täglich fünf Stunden trainiert, erreicht sein Ziel schon eher.

Um es in aller Deutlichkeit zu sagen: Was immer Sie sich bisher an Techniken aus diesem Buch angeeignet haben, es wird Ihnen wenig nützen, wenn Sie es nicht immer wieder aufs neue einüben.

Hier finden Sie die sechs Prinzipien des Übens als sechste und letzte Anleitung zur Selbstlenkung:

Erstes Prinzip:

Fangen Sie klein an und steigern Sie Schritt für Schritt den Umfang der Bemühungen.

Es ist verständlich, daß man ein Ziel, das man sich vorgenommen hat, möglichst rasch erreichen möchte. Voll Ungeduld stürzt man sich auf die Verwirklichung. Dabei passiert es sehr oft, daß man gleich zu Beginn durch eine Enttäuschung entmutigt wird. Man hat sich im Übereifer viel mehr vorgenommen, als man bewältigen konnte.

Beginnen Sie deshalb beim Einüben Ihrer Selbstlenkung mit kleinen, machbaren Schritten.

Nicht der große Aufwand entscheidet letzten Endes über den Erfolg, sondern die Beharrlichkeit der Wiederholung.

Wenn Sie das ruhige Atmen üben, genügt es, morgens mit fünf Atemzügen zu beginnen und die Anzahl zu steigern, sobald es Ihnen leichtfällt.

Sie sollten wissen: Seine täglichen Gewohnheiten von einem Tag auf den anderen zu ändern, ist schwierig. Wenn Sie sich dabei gleich zu Beginn zu viel zumuten, gerät Ihre eingespielte Lebensroutine durcheinander. Das entmutigt Sie. Also führen Sie das Üben in ganz kleinen, leicht machbaren Schritten ein. So, daß es Ihnen keine Mühe macht. Die Folge wird sein, daß Sie zum Weitermachen ermutigt werden, wenn Sie feststellen: »Das klappt ja viel müheloser, als ich mir vorgestellt habe.«

Sie haben es nicht eilig. Sie haben Zeit. Niemand drängt Sie. Sie sind nur sich selbst verantwortlich.

Zweites Prinzip:

Setzen Sie sich für Ihr Üben jedesmal ein ganz konkretes Ziel. Nichts unterhöhlt unsere Disziplin so sehr wie vage Zielsetzungen.

Es genügt nicht, sich am Morgen vorzunehmen: »Bei jeder Schwierigkeit, die heute auftaucht, ersetze ich das Negativ-Denken durch Positiv-Denken.«

Sie sollten Ihre tägliche Zielsetzung so konkret wie nur möglich festlegen. Punkt für Punkt. Und schriftlich.

Vergessen Sie nicht: Es gibt hier nichts, das Sie unter Druck setzt: keinen Chef, keine Wettbewerbssituation mit Kollegen, keinen Leistungszwang.

Niemand tadelt Sie, wenn Sie Ihre Aufgabe nicht erfüllen. Niemand erpreßt Sie mit Schuldgefühlen. Niemand macht Sie vor anderen lächerlich, wenn Sie nicht tun, was man von Ihnen erwartet.

Beim Erlernen der Techniken der Selbstlenkung sind Sie Schüler und Lehrer, Untergebener und Chef zugleich. Sie selbst müssen sich disziplinieren.

Wenn Sie es schaffen, stärkt es Ihr Selbstbewußtsein.

Das ist eine entscheidende Grundlage dieses Übungsprinzips: Um sich selbst kontrollieren zu können, müssen Sie das tägliche Ziel Ihrer Bemühungen ganz konkret festlegen.

Das heißt:

- Schreiben Sie am Morgen in Ihr Arbeitsheft jene drei, vier, später vielleicht fünf konkreten Aufgaben, die Sie sich selbst stellen. Etwa:

1. Am Morgen, sofort nach dem Aufstehen, stelle ich mich ans Fenster und mache mit geschlossenen Augen fünf ruhige, tiefe Atemzüge. Dabei denke ich: »Ich habe Spaß am Leben, ob ich gewinne oder verliere, ich bewältige den Tag.«
2. Wenn ich meinem gefürchteten Chef begegne, achte ich genau darauf, mein Negativ-Denken durch bewußtes Positiv-Denken zu ersetzen. Meine Formel lautet: »Was er sagt, berührt mich nicht. Ich bin stark und locker.«

Dabei atme ich dreimal ruhig, hebe die Schultern und lasse sie locker fallen, um mich bewußt zu entspannen.

3. Wenn ich meinen Arbeitsplatz verlasse, denke ich nicht wie bisher: »Das war ein schrecklicher Tag, ich bin müde und ausgelaugt.« Ich ersetze vielmehr diese Negativ-Formel durch: »Das war ein herrlicher Tag, ich bin frisch und glücklich.«
4. Am Abend stelle ich mich vor dem Schlafengehen vor das Fenster und mache sechs ruhige Atemzüge.

Dies ist das Beispiel aus dem Notizbuch eines Teilnehmers an einem Lebensschule-Seminar. Es soll Sie weniger zur Nachahmung anregen als dazu, Ihren eigenen, ganz persönlichen konkreten Tages-Übungsplan zu erstellen.

Beenden Sie die tägliche Planung und Selbstkontrolle damit, hinter jeden Punkt ein großes »+« oder »–« zu malen.

Genießen Sie es bewußt, wenn Sie die meisten Punkte, die Sie sich am Morgen vorgenommen haben, am Abend abzeichnen können.

Drittes Prinzip:

Beachten Sie das regelmäßige Üben nicht als Mühe, sondern als Spaß.

Seltsamerweise werden wir alle von Kindheit an dazu erzogen, das Lernen, Arbeiten und Trainieren als Mühe anzusehen. Je mehr wir darunter leiden, so meint man, um so mehr Lob haben wir verdient.

Nachdem Sie niemand lobt, brauchen Sie beim Training der Selbstlenkungstechniken auch niemandem gegenüber vorzutäuschen, Sie hätten sich übermäßig angestrengt.

Machen Sie einen Spaß daraus.

Sagen Sie sich: »Es macht mir Spaß, mich selbst zu lenken und meine Persönlichkeit zu stärken.«

Denn nichts stimmt fröhlicher als zu sehen, wie man immer besser und besser wird.

Erfolg macht Spaß. Es ist deshalb nur logisch, daß wir versuchen, möglichst erfolgreich zu sein. Die Rechnung heißt: Je mehr Anstrengung, um so mehr Erfolg und um so mehr Spaß. Auch wenn Ihnen Ihre Mitmenschen auf die Nerven gehen und Ihr Beruf Sie nicht befriedigt: Holen Sie sich Ihre tägliche Lebensfreude beim Trainieren Ihrer Persönlichkeit.

Das Training Ihrer Selbstlenkung ist eine Frage Ihrer Persönlichkeit.

Dazu kommen einige Vorteile, die Sie bedenken sollten:

- Sie können hier das tägliche Training mit der Praxis verbinden.
- Jeder Trainingserfolg ist gleichzeitig auch ein praktischer Erfolg bei der Bewältigung eines Alltagsproblems. Mit anderen Worten: Jedes Training ist zugleich Wettkampf.

Viertes Prinzip:

Wenn Sie einmal festgelegt haben, wann, wie und wo Sie eine Technik der Selbstlenkung praktizieren wollen, dann handeln Sie. Fragen Sie sich nicht: »Soll ich jetzt, oder soll ich nicht?«

Handeln Sie ohne zu zögern.

Das ist die Praxis des »Spiels mit dem Ich«.

Wenn »Ich 1« bestimmt hat: »Nach dem Aufstehen mache ich fünf ruhige Atemzüge«, dann lassen Sie »Ich 2« handeln. Kein Denken mehr, kein Zaudern, keine Gegenargumente, keine Entschuldigung.

Lassen Sie es uns klar und deutlich sagen: Es gibt keine Entschuldigung für Sie, im kommenden Monat Ihr tägliches Programm an Selbstlenkung nicht auszuführen.

Fünftes Prinzip:

Ein wesentlicher Punkt des Übens ist es, seine Leistungsfähigkeit gezielt zu steigern.

Wenn Sie Ihre höchste Leistungsgrenze erreicht haben, besteht das Trainingsziel darin, diese Leistungsfähigkeit durch ständiges Üben zu *erhalten.*

Sie sollten Ihre tägliche Leistung deshalb ständig daraufhin überprüfen, ob Sie nun genug Kraft aufgebaut haben, um das Ziel beim nächstenmal ein wenig höher zu stecken. Nicht zu hoch, nur ein *wenig* höher. Gerade so hoch, daß Sie es ohne Anstrengung bewältigen können.

Vergessen Sie nicht: Das Üben und Verwirklichen der Selbstlenkungstechniken soll Ihnen jederzeit Spaß machen.

Selbst an Tagen, an denen Ihnen überhaupt nichts, aber wirklich nichts, Freude zu machen scheint, sollten Sie dieses Minimum Ihres Selbstlenkungstrainings erfüllen:

Setzen Sie sich hin und schließen Sie die Augen. Heben Sie die Schultern, lassen Sie sie fallen und denken Sie: »Das Leben ist trotzdem schön. Mir geht es gut.« Dann atmen Sie zehnmal ganz ruhig und entspannt.

Wir garantieren Ihnen: Nachher fühlen Sie sich merklich besser.

Das ist Selbstlenkung.

*

Wenn Sie aus dieser Anleitung nichts anderes in die Praxis der Alltagsbewältigung mitnehmen als diesen Rat, dann haben Sie einen ersten Schritt gemacht.

Deshalb noch einmal: Wenn Sie sich von der ganzen Welt verraten und verlassen fühlen, wenn Sie überhaupt nichts freut, wenn Sie am liebsten gar nicht mehr leben möchten, tun Sie wenigstens folgendes:

Setzen Sie sich hin und schließen Sie die Augen. Heben Sie die Schultern und lassen Sie sie fallen. Denken Sie dabei: »Das Leben ist trotzdem schön. Mir geht es gut.«

Dann atmen Sie zehnmal ruhig und entspannt.

Sechstes Prinzip:

Üben und handeln Sie im »Jetzt«.

Unendlich viele Menschen denken beim Arbeiten ans Essen und beim Essen ans Arbeiten. Wenn sie lieben, machen sie sich Sorgen. Wenn sie Sorgen haben, malen sie sich mögliche Katastrophen aus.

Wenn Sie beispielsweise am Morgen einige Minuten dazu verwenden, die vier, fünf, sechs Punkte aufzuschreiben, wie Sie an diesem Tag die Techniken der Selbstlenkung verwirklichen wollen, sollten Sie nicht gleichzeitig an die Schwierigkeiten denken, die sich Ihnen vielleicht in den Weg stellen werden.

Jetzt planen Sie.

Später verwirklichen Sie.

Daraufhin ziehen Sie Bilanz.

Ziehen Sie nicht schon Bilanz, noch ehe Sie gehandelt haben.

Auf Ihr ganzes Leben projiziert heißt das: Leben Sie im Jetzt. Wenden Sie Ihre ganze Kraft auf, das zu bewältigen, was Sie gerade jetzt tun. Vergeuden Sie nicht einen Teil dieser notwendigen Kraft damit, schönen Zeiten nachzujammern und auf bessere Zeiten zu hoffen.

Denken Sie also an das Atmen, wenn Sie atmen.

Lernen Sie immer wieder und unermüdlich, Ihre Gedanken zu lenken:

- Negativ-Denken durch Positiv-Denken zu ersetzen.
- Zu handeln, wenn Sie dazu entschlossen sind.
- Die Entschlossenheit nicht durch Zweifel zu vermindern.

Einige Hinweise, ehe Sie diesen Band aus der Hand legen

Richtig atmen, entspannen, das Lenken von Gedanken und der Phantasie und die Kontrolle des »Spiels der beiden Ich« – das sind die Techniken der Selbstlenkung, die Ihnen hier empfohlen wurden. Sie können jede davon allein anwenden oder sie nach eigenem Ermessen kombinieren.

Tun Sie nur das, was Ihnen nützt. Finden Sie Ihren eigenen, ganz persönlichen Weg und fragen Sie nicht hilfesuchend: »Was ist das Richtige?«

Was Ihnen leichtfällt, was Ihnen Spaß macht und dabei hilft, Ihre Probleme besser zu bewältigen – das, und nichts anderes, ist das Richtige für Sie.

Natürlich gibt es, wie Sie wissen, auch noch andere Möglichkeiten der Selbstlenkung. In diesem Band der Lebensschule-Serie wurden nur einfache Methoden aufgezeigt, die Ihrem natürlichen Verhalten entsprechen. Um sie beherrschen zu lernen, brauchen Sie keine Kurse zu besuchen, Sie brauchen sich keiner Institution anzuvertrauen. Sie können Ihr eigener Lehrer sein.

Sich selbst zu lenken – das sollten Sie auch wissen – ist kein Wundermittel zur Lösung aller Ihrer Lebensprobleme. Es ist die Voraussetzung zur Verwirklichung Ihrer Vorstellungen. Wenn Sie keine persönlichen Vorstellungen davon haben, was Sie in Ihrem Leben erreichen, wie Sie sein wollen, dann nützen Techniken allein nichts.

Wenn Ihre persönliche Lebensauffassung darin besteht zu sagen: »Ich tue das, was mir gesagt wird, und versuche, niemals anzuecken«, können Ihnen die Selbstlenkungstechniken bei der Einordnung und Anpassung helfen.

Wenn Sie entschlossen sind, aus einem bisher unbefriedigenden Leben auszubrechen und sich endlich selbst zu verwirklichen, können Sie die Selbstlenkung als Instrument zur Stärkung Ihrer Persönlichkeit einsetzen.

Wenn Sie nach dem Studium dieses Bandes spüren, daß in Ihnen eigentlich viel mehr steckt, als Sie bisher meinten, dann sollten Sie darangehen, sich selbst neu zu entdecken. Dabei kann Ihnen der Lebensschule-Band 1 eine Hilfe sein. Er trägt den Titel: »Wie man sein Leben richtig plant«.

Es mag sein, daß Sie die vorliegende Anleitung zwar interessiert gelesen, aber nicht ernsthaft in die Praxis umgesetzt haben. Vielleicht aus Bequemlichkeit. Vielleicht auch, weil Sie sich nicht zutrauen, alles verwirklichen zu können, wozu Ihnen hier geraten wird.

Es gehört zu den Merkmalen unserer Zeit, daß wir alle uns selbst viel weniger trauen und zutrauen als anderen. Als den sogenannten Fachleuten, Autoritäten und »denen da oben«.

Haben uns andererseits aber nicht alle diese Jahre gezeigt, daß wir, die Einzelnen, uns letzten Endes auf niemand anderen verlassen konnten – nur auf uns selbst?

Wenn die Systeme scheitern, wenn sich die Versprechungen nicht erfüllen, die man uns gemacht hat, dann ist jeder auf sich allein gestellt. Deshalb ist es ein unbezahlbarer Vorteil, rechtzeitig die Voraussetzungen zu schaffen, sein Leben selbst zu planen und zu lenken.

Unser Leben selbst zu planen und zu lenken ist ein entscheidender Schritt zur persönlichen Befreiung von der Abhängigkeit von Überfluß, Angst und den Zwängen, die uns andere auferlegen. Wer diese Freiheit sucht, muß selbst die Initiative ergreifen.

Die Lebensschule-Serie ist eine Anregung für solche Initiativen.